野口潔・大須賀茂 編著

はじめてみませんか
リレー作文　新しい協働学習の試み

ココ出版

はじめに

野口 潔・大須賀 茂

　リレー作文は話し合いなどを交えながら複数人が内容を書きつなぎ、1つの物語などを完成させる活動です。1人が途中まで書いた文章を次の人が読み、書かれた設定や意図を尊重しながらも自分なりに解釈し、自分の内容を展開させ、更に次の人に展開のバトンを託していきます。一連の活動からは、言語・教育的効果だけでなく、心理的、精神的、また、社会的、文化的な効果も期待できます。

　本書は、日本語だけでなく外国語の教育・研究に携わる、または携わろうとお考えの方向けの入門書です。リレー作文の理論的背景と様々な角度から考察を加えた実践例を通して、リレー作文の魅力、効果、課題などを理解していただき、読者のみなさんが容易に教育実践・研究に踏み切ることができるようにすることを目的としています。

　本書の構成は、リレー作文に関する理論的背景と評価方法などを説明する**理論編**と様々な実践研究を紹介する**実践編**からなっています。目次（タイトル）には各章の内容がある程度推測できるようキーワードならびに考察のポイントを示してありますのでご参照ください。以下が各章の概要です。

　理論編：1章では、まず簡単にリレー作文の歴史・形態・意義・効果を紹介します。次にできる限り平易な表現を用いて認知理論の興りから最近の理論までを時系列で紹介し、リレー作文を行う意義を明らかにします。最後にリ

レー作文を支える社会的背景に触れます。

　理論編：2章では、伝統的な評価法から大規模テストの評価法までを紹介・批評的考察を行います。その上で、協働学習・リレー作文の評価法について議論します。リレー作文の評価においては結果だけでなく完成までのプロセス・各学習者の取り組み方をいかに評価すべきか、それを考えることの重要性を明らかにします。

　実践編は3編に分かれています。**実践編1 基本情報：3章**では、リレー作文の進め方、タスク活動、実践例を紹介します。進め方は対面とオンラインいずれにも対応した説明を行います。タスク活動はゼロ初級から上級学習者向けまで、さまざまな活動を紹介し、最後に具体的実践例を取り上げます。

　実践編2からが実践報告・実践研究になります。目次（タイトル）にはキーワードとして【実施国・レベル】を示してあります。実施国は香港・アメリカ・韓国・日本で、教育機関はいずれも大学です。レベルは実践編2がゼロ初級・初級・中級、実践編3が上級です。実践編3には母語話者などによる実践例も含まれています。タイトルからも推察できるように、各章とも考察のポイントは相当に異なり、興味深い内容となっています。

　実践編2：4章は、水戸が長きにわたる創作文教育で培ってきた知識と経験をもとに、時系列と起承転結の構成方法を使ったリレー作文完成までの手順を紹介しています。準備段階からフィードバックまでの各段階におけるアイデアや注意すべき点等を極めて丁寧かつ詳細に盛り込み、紹介しています。ウォーミングアップ時の語彙マップ作成や絵を使って口頭で創作する活動など魅力的な内容満載です。

　実践編2：5章と6章は、日本語を学び始めて間もないアメリカの大学生を対象とした実践研究です。いずれもオ

ンラインでの実践ですので、その手順説明がまず参考になります。5章では短い創作文、6章では3章3.1で紹介している「文法・言語重視型タスク活動」の1つである短文完成タスクを行っています。両章とも分析・考察のポイントは異なります。5章では文章の修正活動、語彙・文型・文法の使用状況、結束性と一貫性について、6章では完成までのプロセスとそれに関連した学習者間の相互行為と熟達度について分析と考察が行われています。ゼロ初級の学習者ですから確かに不十分な文章ですが、授業で導入された語彙や文型を駆使し、一貫性のある文章を仕上げようとする努力が作成途中の相互行為や完成作品から十分に読み取ることができます。いずれも大変興味深い内容になっています。

　実践編2：7章は、2学期間にわたるアメリカの中級学習者向けコースでの実践を紹介しています。特に注目したいのは、ATC21sの提唱する「21世紀型スキル」に基づいてリレー作文のためのカリキュラムと評価方法を策定し、学期当初にリレー作文の目標や意義だけでなく評価の方法について学習者が納得するまで説明をしている点です。これによって学習者はリレー作文という協働学習の中で自分は何をどうすべきかを理解し、積極的に活動に参加する心構えができるに違いありません。実際の作文作業は宿題として課されるため時間の無駄がない点も参考になります。

　実践編3：8章は、これから実際の上級授業にリレー作文の導入を考えている安によるパイロット・スタディの実践報告です。学習意欲の高い学生を募り、授業外にオンラインでリレー作文を行っています。考察の結果示された6つの提言は、今後実践を試みる方だけでなく、すでに実践を行ってきている我々にも大変参考となるものです。上級学習者であっても実践前に基本的な語彙や文型を習得する時間を設けてからリレー作文を進める必要があるという提

言は、4章で水戸が紹介しているウォーミングアップ活動に通じるものでもあります。

　実践編3：9章は、上級学習者によるプロジェクト型学習の一部にリレー作文を組み込んだ実践研究です。分析・考察のポイントとしているのは、語彙知識の変化です。作文で使用した語彙を学習者がどれだけ覚えているかを調査し、プロジェクト型学習が有する「内容重視・主体的行動・相互行為」という観点から分析・考察しています。学習者全員が語彙知識を量的にも質的にも増やしているという結果報告は、プロジェクト型学習に組み込んだリレー作文の有効性を支持するもので意義のあるものと言えるでしょう。

　実践編3：10章も実践研究で、まず上級学習者1人と日本人2人でリレー作文を行っているという点が興味を引きます。田邊も指摘しているように、日本人との作文で学習者は相当のプレッシャーを感じながら文を書いているはずです。それでも実践後に「確かに疲れたが貴重な経験をした」と感想を述べているところにこの実践の意義があると言えるでしょう。分析・考察はナラトロジー（物語論）の観点から行われています。日本人と同様に上級学習者を1人の書き手として見ている点が特徴的です。考察のポイントは物語を誰の視点から描いているかということで、作品の分析を通し日本人と学習者の同異を明らかにしています。特に物語において、主人公の立場に立って使用される「～てくれる」を学習者が使えていない点は重要で日本語教育への示唆にも富んだ内容です。

　実践編3：最終11章は、本書刊行のきっかけを作ってくれた嶋津執筆のコラムです。現在嶋津は日本語学習者だけでなく日本語教師を志す大学生・大学院生や現職の日本語教師にリレー作文を体験してもらっています。当コラムにはかれらのリレー作文体験後の気づきや感想が紹介され

ています。体験者の生の声は示唆に富むもので、それをも
とにした学びに関する考察は今後のリレー作文実践の可能
性を大きく拓くものであり、必見のコラムです。

謝辞
本書の出版にあたっては、ココ出版の皆さん、特に田中哲哉さんには発案
の段階から出版に至るまで貴重なご助言、ご提案をいただきました。心よ
り感謝申し上げます。

目次

第1部
理論編

第1章

リレー作文・理論的背景・社会的背景

野口 潔

1 | リレー作文とは──歴史・形態・意義と効果

　リレー作文は、ペアやグループなどで内容を書きつないでいき、意見交換などを交えながら1つの文章を完成させる活動です。本書執筆者の1人である嶋津（2013）の実践がきっかけとなり、本書執筆者の多くが今も実践を続けています。

　リレーによる文章作成の歴史は古く、日本語であれば鎌倉時代ごろに興った連歌に起源を求めることができます。近年ではリレーノベル、リレー小説と称され、小説がリレーで書かれることも少なくありません。プロの小説家たちの書いた作品としては、『ネコのおと──リレーノベル・ラブバージョン』（新井他 2006）や『TROIS トロワ 恋は三では割りきれない』（石田他 2012）、『堕天使殺人事件』（新世紀「謎」倶楽部 2002）などがあり、単なる余興ではなく現実社会に存在する（Authentic）活動と言えます。

　リレー作文は複数人によって書きあげられるものですから、協働学習・協働作文の一形態だと言えます。そして協働作文が抱える問題をある程度軽減する利点も兼ね備えています。協働作文は原則的には発案から完成までのすべての段階に執筆者である複数人が関与しながら1つの文章を完成させるもの（Storch 2018）で、完成までに個人作業の

3

2倍程度時間がかかる（Storch 2013他）、或いは人数が増えると執筆者の参加程度に差が生じ、不公平感を抱く者もでる（Fernández Dobao 2012他）といった問題がつきまといます。リレー作文の方法は様々ですが、3章2.2で紹介するような方法で行えば、執筆者がみな同じ程度関与して、効率的に短時間で執筆者数分の作品を作り上げることが可能です。また、一度リレーで書き上げた作品について、より良い作品にするための意見交換、つまり次節で説明する相互行為を加えることで、言語習得につながる可能性のある様々な話し合いが活発におこなわれます（野口他 2019）。

　リレー作文の意義・効果の詳細は、後半の実践報告に委ねますが、ここで簡単に触れておきます。リレー作文では、文章を書く側は理解してもらう、読む側は理解する必要があります。そうでないと、続きがうまく書けません。ですから、通常の読み書きよりも責任感を伴う活動になります。もし、文章の中に今まで出会ったことのないような語彙、文型、漢字などがあった場合、一瞬のことかもしれませんが、読み手には困惑や焦りといった心理的、精神的変化が起こりえます。それと同時に認知活動も起こります。読み手は理解するために文脈から意味を推測したり、書き手に尋ねたりします。書き手は読み手に理解してもらうために説明し、必要に応じて修正を加えます。そこには、気づき、内省、関心、満足といった認知的、心理的変化が起こり、時には障害になることもありますが、多くの場合、深い学びにつながることが期待できます。それは言葉に関する学びだけでなく、様々な異なる社会的、文化的背景をもつ他者との交流から生まれる喜びや満足感、心理的つながりであり、多様な学習者が集う場での社会的、文化的な学びでもあります。

　そして何よりも、リレー作文の有するエンターテインメント性は見逃せません。マンネリ化した授業を一瞬にして

華やかにする力を持っています。自分が書いた日本語の文が他者に理解され、予想もつかない話に展開していくのは、通常の読み書きでは味わえないような喜びであり、心躍る楽しい時間です。それは、読み手にとっても同じことです。他者の作り上げる独創的、奇想天外な内容は驚きであり、頭を活性化させる清涼剤となるのです。

2 理論的背景

　上にも述べた通り、本書ではリレー作文を協働学習・協働作文の一形態とみなしますが、そもそも協働学習・協働作文が注目されるようになったのは、外国語学習における意見交換や交渉（以下「相互行為」とします）の有効性が言語習得理論（Long 1983; Swain 1985; Vygotsky 1986 他）と教授法（Canale & Swain 1980; Pica & Doughty 1988; Savignon 1983 他）の両面から主張されたことに端を発します。ここでは、協働学習・協働作文の一連のプロセスの中で最も重要な相互行為の有効性を主張する言語習得に関連する理論と教授法を概観し、リレー作文実践の意義を明確にします。

2.1　認知理論（Cognitive theories）
　まず協働作文を支持することとなる認知理論の考え方、相互行為仮説とアウトプット仮説の2つを時系列で見ていきます。

2.1.1　相互行為仮説（Interaction hypothesis）
　1970年代後半 Hatch（1978）などが第2言語習得には、単に文法や語彙を覚え込むだけでなく、相互行為が欠かせない条件であることを主張し、Hatch の学生であった Long（1983）の研究が相互行為仮説として知られるようになります（Gass & Mackey 2006）。これは Krashen（1982）

の、第2言語習得のためのインプットは学習者の現在の能力を少し超えるレベル（*i*+1）である必要があるとの仮説を発展させたものです。Longは英語ネイティブと英語学習者の相互行為では、コミュニケーションの停止を避けるために、意味理解の交渉がなされ、理解できる範囲への修正（例えば、文法を簡素化する、ゆっくり話す、聞き返すなど）がなされ、それが習得につながると考えました。

　しかし、Harley & Swain（1984）とSwain（1985）は、相互行為が十分になされているはずのカナダのエマージョンプログラムで学ぶ生徒の第2言語（フランス語）の能力を調査した結果、フランス語が流暢に話せるのにもかかわらず、正確さではNativeに劣ることを明らかにしました。この事例が、Swainのアウトプット仮説を生むことになります。

2.1.2　アウトプット仮説（Output hypothesis）

　Swain（1985）は、正確な言語習得のためには相互行為だけでは不十分で、学習者の現在の発達ステージを超える正確な言語使用（Pushed output：Swain 1993）を促す必要があることを論じました。Swainによると、学習者は自分で言いたいことを学習している言語で言おうとして、自分の中の能力と言いたい事柄との間のギャップに気づきます。その際、自分の言語知識を探し回り、様々な仮説をテストし、インプットした言語をより正確にプロセスするようになり、自分の言語使用に反映されるようになると主張しています。

　しかし、その後の多くの実証実験は、学習者間の相互行為で発生する意味的交渉の難しさは語彙力に関するギャップによるものであり、形態的なギャップ（例えば、日本語の助詞「は」と「が」の違いなど）には気づきにくいことを明らかにしてきました（Foster 1998; Pica 1992; Pica et al. 1993;

Williams 1999 他)。

　その結果、Focus on form、つまり形態的な正確さに学習者の注意を向けさせることが重要だとし（Kowal & Swain 1994）、更には、Focus on from の手段の1つとして書くことの必要性が言われ始めました（Adams & Ross-Feldman 2008; Williams 2008 他）。書くことは形に注意しやすいという利点があります。Mackey ら（2002）によると、口頭の場合、言語の形と意味をプロセスしたり、修正したアウトプットを行ったりするための十分な時間と記憶スペースを学習者は持ち得ないということです。それに対し、書く場合はより多くのプロセスをする時間があります。更に、書くことは会話と異なり、直接の意味交渉がないいため、正確に表現することが求められますから（Williams 1999）、学習者は正確さに注意を向けるようになると考えらえます。

　以上のように言語習得理論とその検証の結果、更には認知的負荷の問題、書くことの特性などから、会話でのやりとり（相互行為）と書く作業が言語学習には重要な活動であると考えられることとなり、協働作文が注目されることとなりました。

2.2　文化歴史的理論（Cultural-historical theory）

　文化歴史的理論は、言語を含むすべての認知的発達は文化・歴史を背景とした社会活動を通してなされるということを前提としている（Vygotsky 1986）点で認知理論とは異なります。ただ、Engeström（1987）が第1世代と呼ぶ社会文化理論（Vygotsky 1986）では、個人の発達に焦点が当てられているため、言語発達に関する考え方は認知理論とほとんど変わりません。しかし、認知理論での言語発達はあくまで個人の脳内の様々な働きを重視していますが、文化歴史的理論では他者の助けこそが言語発達に寄与してい

ると見なす点が異なります。この他者の助けという考え方が協働学習・協働作文を支持する重要な概念となっています。更に、個人の発達を社会の仕組みの中で捉えるという第2、第3世代が構築した活動理論（Leont'ev 1981; Engeström 1987）では、社会の様々な媒介要素（後述）を発達の要因と見なしており認知理論との違いが鮮明になっています。もし今後、社会的媒介要素が言語習得に必須であることが多くの事例によって明らかになったならば、この理論の言語習得に関する説明力は認知理論を凌駕することになります。

2.2.1　社会文化理論（Sociocultural theory）

　社会文化理論（第1世代）では、自分だけでできるレベルと自分だけでするのはやや難しいレベル、その接近しあった場面（最近接領域：Zone of Proximal Development：ZPD）で、他者に援助をしてもらう（足場Scaffoldingをかけてもらう）ことで言語発達が進むと考えています。また、この理論では、言語の発達は2段階で行われるとしています。最初は他者とのやりとりの社会的局面、そして次は、それを自分で処理し、内化（internalization）する心理的局面です。表現は異なりますがここまでの考え方は認知理論と大差はありません。

　この理論で協働作文にもっとも影響を与えたのは、足場の概念であると言えます。例えば、Donato（1988）は学習者が語彙や文法に関する問題解決のために学習者個々のいわば不十分な知識を持ち寄った場を集団的足場（collective scaffolding）と呼び、そのような場が1人だけの言語技術を超えたパフォーマンス、つまり作文の創造を可能にすると述べています。更に、Donatoは集められた知識は内化し、後の個人活動で使用されたことも明らかにし、協働作文の意義を支持する重要な根拠の1つとなりました。

2.2.2　拡張型活動理論（Extended activity theory）

　ここでは近年協働作文の事例研究（Cho 2017; Wang 2019; 本書9章他）で援用されるようになってきた拡張型活動理論（Extended activity theory：Engeström 1987他）を主に紹介します。

　この理論は、Vygotsky（1986）ら第1世代の社会文化理論、そして、その弟子Leont'ev（1981）ら第2世代の活動理論を発展させたもので、主体（例えば学習者）を中心とした社会活動を視覚的に捉え、活動システムモデルとして体系化した点が特徴的です（図1）。第1世代は上述したように個人の発達に焦点が当てられており、図1で言えば「主体」「目的」「道具」の3つのみを使った説明がなされました。例えば、「主体」である日本語学習者が来日して、欲しいものを買うという「目的（タスク）」のために、両者を媒介するものとして「道具」である日本語やお金を利用するというように社会的活動を捉えました。

　第2世代（Leont'ev 1981）では、それに加え図1の「分業」と「コミュニティ」が媒介要因として出現し、個人の発達は「コミュニティ」の進化の一部として捉えられるよ

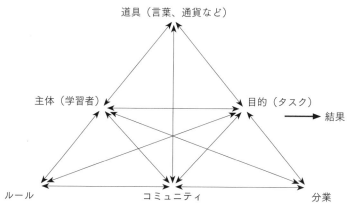

図1　活動システムモデル（エンゲストローム 1999: 79）

うになります。「主体」は「コミュニティ」の中でコミュニケーションを通し活動を「分業」し、分業に必要な「道具」を用いることで、「コミュニティ」全体が1つの「目的」を達成するというように、主体の活動を社会の中で捉えました。例えば、日本語学習者3人が日本に来て、京都旅行を楽しむという「目的」のために、役割を予約、計画、交渉などに分担、つまり「分業」し、「道具」である日本語などを使って旅行に関連するホテルの従業員や観光地の人々といった「コミュニティ」とつながりをもちながら旅行を楽しむといった「目的」を達成すると考えます。

　第2世代が社会の中での活動概念を確立し、それを視覚的に体系化したのが第3世代エンゲストローム（Engeström 1987）の拡張型活動理論です。この理論においては、「主体（学習者）」の学習活動は、言葉などの「道具」を介し、「ルール」によって規制され、クラスメイトなどの「コミュニティ」と同じ「目的」を共有、目的にむけて「分業」がなされ、「結果」を導いていくと考えます。また、この理論では最近接領域（ZPD）もVygotskyら第1世代とは異なり、より大きな捉え方をしている点が特徴的です。まず、個人の発達をコミュニティあるいはグループなどの進化の一部と捉えています。そのため、コミュニティやグループの活動、つまり活動システムの中で起こる対立や障害などの矛盾が進化や発達のための最近接領域（ZPD）であると考えます。そして、その矛盾の原因を特定し修正を図ることがその活動システム全体を進化させ、同時に個人を発達させると考えます。

　この拡張型活動理論の特性は図1に示したようなシステムモデルの説明力にあります。このシステムモデルを使うことによって、協働作文の全体像を視覚的に示すことが可能になりました。例えば、プロジェクト型学習活動はこのシステムモデルを使用することで活動の全体を説明、更

に、活動の中で起こった矛盾や相互作用を視覚的に示すことが可能です。

2.3　ソーシャル・ネットワーキング・アプローチ (Social Networking Approach: SNA)

　當作（2013）が唱えるソーシャル・ネットワーキング・アプローチ（SNA）という教育理論は、「クラスと現実社会を直に結び「体験する」、社会と「つながる」ことを中心に捉える」（p.46）アプローチで、クラス内での計画的な学びより、社会に出て実際に経験して学ぶことを重視した理論です。これは、上で紹介した拡張型活動理論と本質的な点が類似しているようです。當作は、文法を1つ1つ順序だてて学んでいくことより、まずはクラス外の対象言語を話す人々と交流し、助け合って学んでいくことが重要だと説いています。これは、活動理論を説くエンゲストローム（1999）が1例として用いている『ハックルベリー・フィンの冒険』でハックが父親の下を逃げ出し、放浪し、様々な人々との交流で起こる矛盾を解決し、成長していくという話に似ています。

　現在、言語教育に広く浸透しているコミュニカティブ・アプローチは、主に「言語」と「文化」に関する「理解」と「実践」の能力を養うことを目標としていますが、SNAはこの目標に加えて「グローバル社会」における「連携（つながり）」の能力を養うことに主眼を置いています（国際文化フォーラム 2013）。具体的には、コンピュータなどのグローバル社会に欠かせない道具を的確に使用し、目標言語の母語話者などとタスク学習をしたり、プロジェクト型の学習をしたりすることを授業活動として推奨しています。この点も拡張型活動理論と全く矛盾しない考え方です。

　また、當作（2013）は、図2に示した認知的領域に関するブルームのTaxonomy（改訂版：Anderson & Krathwohl

11

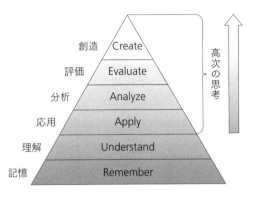

図2　ブルームのTaxonomy（revised: Anderson & Krathworhl 2001）

2001）を用い、これからのグローバル社会を生き抜くためには、「記憶・理解」といった低次の認知活動だけでなく、それを超える、「応用・分析・評価・創造」といった、図2の上位になればなるほど高次の思考、言い換えれば、知的活動が必要不可欠であることを説いています。ブルーム（1973）によれば、高次の思考はその下方の思考（例えば、図2で最も高次とされる「創造」は、それより下位の「評価・分析・応用」）よりも複雑で内在化された能力だと言います。

　また、SNAは協働学習の評価について詳しく言及している点が特徴的です。評価に関しては単に結果を教師のみが評価する従来型の評価だけではなく、学習の過程を学習者自らが振り返り評価する必要性を説いています（国際文化フォーラム 2013）。プロジェクト型の学習であれば、更に、学習者同士が評価し合うことも求めています。本書7章において大須賀がこの方針に関連した評価実践を行っています。

　本書の論文は上で説明した理論のいずれかを理論的背景としています。

3 | 社会的背景

　社会に目を向けると、企業では計画や立案などにともなう文書作成がグループで行われ（村永・守安 1993; 経済産業省 2010 他）、アカデミック分野でも論文を複数人で作成することは少なくありません。そのため、協働で文章を作成するためのスキル（創造・交渉・作成・管理等）は社会人に欠かせないものとなりつつあります（Storch 2013）。

　そのような状況の中、日本語の作文教育における協働学習は、他者の作文に批評などをするピアレスポンスが比較的盛んですが、協働で1つの作文を作る活動・研究は本書の執筆者らが試みてきた以外にはほとんど見られません。この背景には、作文は1人で書くものという観念が強く存在するほかに、そもそも協働作文の意義や学習効果、また、その実践と評価の方法が不明であることなどが考えられます。

　本書の実践編では、アメリカ・香港・韓国・日本の大学の、初級学習者から上級、そして日本人までをも含む様々なリレー作文の実践例を紹介し、活動の準備方法、手順から学習者の様子・実践の意義・学習効果・評価方法・課題・更なる可能性などを明らかにしていきます。

参考文献　新井輝他（2006）『ネコのおと―リレーノベル・ラブバージョン』富士見ミステリー文庫

石田衣良他（2012）『TROIS　トロワ―恋は三では割りきれない』角川文庫

エングストローム，ユーリア（山住勝広他訳）（1999）『拡張による学習―活動理論からのアプローチ』新曜社

経済産業省（2010）『社会人基礎力　育成の手引き―日本の将来を託す若者を育てるために』朝日新聞出版

国際文化フォーラム（2013）『外国語学習のめやす―高等学校の中国語と韓国語教育からの提言』

嶋津百代（2013）「日本語学習者の協働作成によるストーリー・ライティング―書き手と読み手の相互行為的な活動の考察」佐藤彰・秦かおり（編）『ナラティブ研究の最前線―人は語ることで何をなすのか』ひつじ書房

新世紀「謎」倶楽部（2002）『堕天使殺人事件』角川文庫

當作靖彦（2013）『NIPPON3.0の処方箋』講談社

野口潔・田辺和子・大須賀茂・岡田彩（2019）「上級日本語クラスでのクリティカルシンキングを採り入れたリレー式創作文活動」『Lingua』29, pp.135–143.

ブルーム，B. S.・マドウス，G. F.・ヘスティングス，J. T.（梶田叡一他訳）（1973）『教育評価法ハンドブック―教科学習の形成的評価と総括的評価』第一法規出版

村永哲郎・守安隆（1993）「グループワークのための情報共有技術」『情報処理』34(8), pp.1006–1016.

Adams, R., & Ross-Feldman, L. (2008) Does writing influence learner attention to form? In D. Belcher & A. Hirvela (Eds.), *The oral-literate connection* (pp.243–266). Michigan: The University of Michigan.

Anderson, L. W., & Krathwohl, D. R. (2001) *A taxonomy for learning, teaching and assessing: A revision of bloom's taxonomy of educational objectives: Complete edition*. New York: Longman.

Aronson, E. & Patnoe, S. (1997) *Cooperation in the classroom: The jigsaw method*. London: Addison-Wesley Education Publishers.

Canale, M., & Swain, M. (1980) Theoretical bases of communicative approaches to second language teaching and testing. *Applied Linguistics, 1*(1), pp.1–47.

Chen, W. (2020) Disagreement in peer interaction: Its effect on learner task performance. *System, 88.* DOI:10.1016/j.system.2019.102179

Cho, H. (2017) Synchronous web-based collaborative writing: Factors mediating interaction among second-language writers. *Journal of Second Language Writing, 36*, pp.37–51.

Dewey, J. (1938) *Education and experience*. New York: Touchstone.

Donato, R. (1988) *Beyond group: A psycholinguistic rationale for collective activity in second-language learning*. Unpublished doctoral dissertation, University of Delaware, Newark.

Engeström, Y. (1987) *Learning by expanding: An activity-theoretical approach to developmental research*. Japanese translation version. Tokyo: Shinyosha. (Original version. Helsinki: Orienta-Konsultit.)

Fernández Dobao, A. (2012) Collaborative writing tasks in the L2 classroom: Comparing group, pair, and individual work. *Journal of Second Language Writing, 21*(1), pp.40–58.

Foster, P. (1998) A classroom perspective on the negotiation of meaning. *Applied Linguistics, 19*(1), pp.1–23.

Gass, S., & Mackey, A. (2006) Input, interaction and output: An overview. *AILA Review, 19*(1), pp.3–17.

Harley, B., & Swain, M. (1984) The interlanguage of immersion and its implications for second language teaching. In A. Davies, C. Criper, & A. P. R. Howatt (Eds.), *Interlanguage* (pp.291–311). Edinburgh: Edinburgh University Press.

Hatch, E. (1978) Discourse analysis and second-language acquisition. In E. Hatch (Ed.), *Second language acquisition: A book of readings*. Rowley, Mass.: Newbury House.

Kowal, M., & Swain, M. (1994) From semantic to syntactic processing: How can we promote it in the immersion classroom? In R. K. Johnson & M. Swain (Eds.), *Immersion education: International perspectives* (pp.284–309). U.K.: Cambridge University Press.

Krashen, S. (1982) *Principles and practice in second language acquisition*. Oxford: Pergamon Press.

Leont'ev, A. N. (1981) *Problems of the development of the mind*. Moscow: Progress.

Long, M. H. (1983) Does second language instruction make a difference? A review of the research. *TESOL Quarterly, 17*, pp.359–382.

Mackey, A., Philp, J., Egi, T., & Tatsumi, T. (2002) Individual differences in working memory, noticing of interactional feedback and L2 development. In P. Robinson (Ed.), *Individual differences and instructed language learning* (pp.181–209). Philadelphia: Benjamins.

Pica, T. (1992) The textual outcomes of native speaker/non-native speaker negotiation: What do they reveal about second language learning? In C. Kramsch & S. McConnell-Ginet (Eds.), *Text and context: Cross disciplinary perspectives on language study* (pp.198–237). Lexington, MA: D. C. Heath.

Pica, T., & Doughty, C. (1988) Variations in classroom interaction as a function of participation pattern and task. In J. Fine (Ed.), *Second language discourse: A textbook of current research* (pp.41–58). Norwood, NJ: Ablex.

Pica, T., Kanagy, R., & Falodun, J. (1993) Choosing and using communication tasks for second language instruction and research. In G. Crookes & S. Gass (Eds.), *Task and language learning* (pp.9–34). Clevedon: Multilingual Matters.

Savignon, S. (1983) *Communicative competence: Theory and classroom practice*. Reading, MA: Addison-Wesley Publishing.

Storch, N. (2013) *Collaborative writing in L2 classrooms*. Bristol, UK: Multilingual Matters.

Storch, N. (2018) Collaborative writing. *Language Teaching, 52*(1), pp.40–59.

Swain, M. (1985) Communicative competence: Some rules of comprehensible input and comprehensible output in its development. In S. Gass & C. Madden (Eds.), *Input in second language acquisition* (pp.235–253). Rowley, MA: Newbury House.

Swain, M. (1993) The output hypothesis: Just speaking and writing aren't enough. *The Canadian Modern Language Review, 50*(1), pp.158–164.

Vygotsky, L. S. (1986) *Thought and language*. Cambridge, MA: MIT Press.

Wang, L. (2019) Effects of regulation on interaction pattern in web-based collaborative writing activity. *Computer Assisted Language Learning, 35*, pp.1–35

Williams, J. (1999) Learner-generated attention to form. *Language Learning, 49*(4), pp.583–625.

Williams, J. (2008) The speaking-writing connection in second language and academic literacy development. In D. Belcher & A. Hirvela (Eds.), *The oral-literate connection: Perspectives on L2 speaking, writing, and other media interactions* (pp.10–25). Ann Arbor: The University of Michigan Press.

第2章

【評価法】
アメリカからリレー作文の
評価法を考える
グローバル社会を見据えて

大須賀 茂

1 はじめに

　本章では、主にアメリカにおける日本語作文の評価法について、これからのグローバル社会を見据えながら考察したいと思います。

　2008年に協働学習（Cooperative Learning）のコラボレーションやチームワークの大切さを盛り込んだ21世紀型スキル（ATC21s）が提唱されました。それに呼応して日本語教育では国際文化フォーラム（2013）が、ソーシャル・ネットワーキング・アプローチ（以下SNAとします）を提唱し、「わかる」「できる」能力開発に加え、「つながる」能力開発の必要性を提案しました。具体的には、1）人間形成とグローバル社会を生きぬく力の育成、2）さまざまな領域で他者や他分野と連携し、理解し、つながる力の育成、3）不確実性の増す世界情勢の中、平和な社会を築くため、個人を重んじ、高度の思考力を磨き、つながる力を培う機会の提供、4）学習者中心の評価を基盤にしたさまざまな評価の必要性などを提唱しました。しかし、日本語作文教育では、SNAを応用した協働学習の評価法についてはまだ十分に検討されていない現状が窺えます。では、実際にSNAを応用するためには、どのような評価法が可能なのでしょうか。

Osuka（2011）は、18世紀前半以前の産業革命前の教育には時間割などの規則は余りなかったが、18世紀後半の機械を使った産業革命を経験することで、個人が産業社会の労働力に組み込まれていった経緯をリビジョニストの視点から説明しています。具体的には、産業革命になると学校教育に時間割やチャイムが導入され、個人は時間通りの登校、時間通りの短い休み時間、時間通りの短い昼食時間、時間通りの下校というスケジュールを経験し、学校は個人が会社や工場等の労働市場に出る準備をする場となったのです。Osukaはこの分析をもとに、SNAの目的は21世紀の個人が新しいグローバル社会の労働市場へ組み込まれる準備を支援しているのではないかと指摘しています。

　この指摘は、21世紀型スキルが、デジタル時代に必要とされるリテラシー・スキルの習得を目指す国際団体ATC21sによって提唱されていることからも推察されます。ATC21sの主なメンバーはインテル（Intel）、シスコ（Sisco）、マイクロソフト（Microsoft）等アメリカ大手の企業出身者です。そして、近年のアメリカの大学の専攻者数の増加率を見ると、STEM（科学＝Science, テクノロジー＝Technology, 工学＝Engineering, and 数学＝Mathematics）が増加傾向であり、社会ですぐに役立つ実用主義の学問が流行している社会背景が見て取れます。

　このような社会背景を念頭に、新しい日本語教育の可能性として作文の評価法について考察したいと思います。まず、代表的な評価法として、クラシック型7つの評価法について考察します。このクラシック型は従来の作文評価法を大方カバーし現在でも使用されています。次に、テスト型評価法を国際バカロレア（International Baccalaureate）とアドバンスト・プレイスメント（Advanced Placement）プログラムの日本語試験、ACTFL（American Council on the Teaching of Foreign Languages）の作文能力テスト（Writing

Proficiency Test）を使って考察します。最後に、SNAや21
世紀型スキルを踏まえた協働学習型評価法について説明
し、リレー作文の評価についても考えてみたいと思います。

2 クラッシック型評価法

　作文はダンスやフィギュアスケートなどの演技に喩えら
れ「パフォーマンス」と言われることがあります。そし
て、ダンスやフィギュアスケート同様、その評価を客観的
に行うのは容易ではありません。この点を念頭に置き、本
節ではこれまでアメリカで用いられてきた作文評価法を考
察します。

　まず、比較的客観的な評価法としてルーブリック評価法
（Criterion-referenced Grading）と課題提出型評価法（Assign-
ment-generated Grading）、そして、主観的な評価法として
印象評価法（Impressionistic Grading）、クラスター評価法
（Cluster Grading）、アンカー評価法（Anchor Grading）を考
察します。また、特定項目評価法（Primary-trait Grading）、
5W1H型評価法（Questions for Grading）についても検証し
ます。

2.1　ルーブリック評価法（Rubric: Criterion-referenced Grading）

　一般的にルーブリック評価法は、総合的（Holistic）と項
目別（Analytic）の2つに大別されます。

　総合的ルーブリック（Holistic Rubric）は、あらかじめ定
義された複数の達成レベルに基づいて学習者の総合的な達
成度を評価するために使用されます。各達成レベルの説明
は文章書きされているのが普通です。この評価法は単一の
基準を用いるので比較的評価に時間がかからないのが長所
ですが、あくまでも総合的評価ですので、例えば、作文の
内容は優れているけれども文法の誤りが多いといった場

合、それぞれを個別に評価できないという短所があります。この評価法の例は3.3で取り上げます。

　項目別ルーブリック（Analytic Rubric）は、文字通り項目別に評価を行う方法です。例えば、作文の構成・内容・文法などを別々に評価します。また、項目別に異なる重み（配点）を設定することも可能です。例えば、内容は10点、文法は5点とすることで、文法よりも内容に重みを持たせることができます。更に、各項目の点数を合計することで総合的な達成度を見ることも可能ですが、単に合計点を作文の質として評価しないことが肝要です。教師が各項目に点数を付けるのは、総合的評価法よりも時間を要す作業になるため、短所と言えます。しかし、各項目の達成度を判断し、学習者にそれを明示できるというのは労力に比例した最大の長所と言えます。項目別ルーブリックの例は、3.1（表1）、3.2（表2）で取り上げますが、ルーブリックの一部だけを取り上げますので、最適な例は4.2の表3・表4をご参照ください。

2.2　課題提出型評価法（Assignment-generated Grading）

　課題提出型評価法は、課題についてルーブリックを使用したり、時には学習者との合意でルーブリックを作成したりします。ルーブリック評価法の簡略化した評価法でもあります。長所としては、各課題の評価について学習者との合意が成立していることや、学習者に評価基準がわかりやすくなること、課題に応じて評価法が変更できること等があげられます。反対に、短所としては、教師や学習者との合意で作成された評価は普遍的ではないので、各学習者の作文の弱点がはっきりしなくなることや、各課題によりルーブリックの内容が変化し標準がはっきりしなくなること等があげられます。

2.3　印象評価法 (Impressionistic Grading)

　　印象評価法は主観的な評価法の代表的なもので、教師や採点者の主観により評価されます。例えば、教師が学習者の作文を見て主観的に判断し、採点・コメントを書き点数を付ける方法です。長所としては、速く採点ができることや、教師・採点者に全権が与えられた採点方法なので、採点結果について理解が得られやすいことがあげられます。しかし、短所としては、主観的なので採点者の好みにより評価が異なることや、詳しい評価基準の説明ができない点などがあげられます。

2.4　クラスター評価法 (Cluster Grading)

　　クラスター評価法は、クラスで書かれた作文からサンプルを1つだけ選び、それを採点基準に設定し、サンプルと他の作文を比較し評価する方法です。具体的には、中程度と思われる作文を1つ抽出し、それを基に他の作文を優・良・可の3つに分け、更に、「＋」や「－」を付けて評価します。クラス内だけの比較なので評価しやすいのが長所ですが、クラス内だけの評価基準なので、その基準やサンプル量が少なく評価基準が狭められてしまうことや、クラス内でのライバル意識を助長してしまうこと等が短所としてあげられます。

2.5　アンカー評価法 (Anchor Grading)

　　アンカー評価法とは、多数の作文から採点基準に「最もふさわしいサンプル（アンカー）」を選び出し、それを基準に評価する方法です。アンカーは数名の教師や採点者が選びます。例えば、数年かけて同じ課題を学習者に与えてサンプルを多数集めます。そして、他のクラスや学校からも同じ課題で書かせたサンプルを集めて評価基準のアンカーを選出します。長所としては、複数の教師や採点者で評価

基準を作成するので良いサンプルが集まることや、アンカーが分かると学習者に作文の基準を伝えやすいこと、教師や採点者も速やかにアンカーに添って採点ができること等があげられます。しかし、歳月が経ち、授業の内容が変わった場合、アンカーが有効に機能しなくなる点が短所と言えます。

2.6 特定項目評価法（Primary-trait Grading）

特定項目評価法は、ルーブリック評価法に似ていますが、評価項目を簡素化した採点方法です。例えば、内容の良さだけや、文法と語彙の間違いだけを重視して採点をしたりする方法です。長所としては、評価表の内容が少ないので学習者は理解しやすいことや、指導が容易なことなどがあげられます。しかし、評価表の内容が少ないので、学習者はそれだけを目標にしてしまい、他の部分をおろそかにしてしまう恐れがある点が短所です。

2.7 5W1H型評価法（Questions for Grading）

5W1H型評価表は5W1Hの質問に答える方法です。誰（Who）、何（What）、いつ（When）、どこ（Where）、なぜ（Why）、どのように（How）の各項目を通常は均等に配点し採点します。長所は学習者が評価基準を理解しやすい点です。しかし、短所として、いつも同じ5W1H評価法だと学習者に飽きがくる、作品の評価基準としては単純であることがあげられます。

3 | テスト型評価法

アメリカの高校生向けの主な日本語試験としては、国際バカロレアとアドバンスト・プレイスメントプログラムがそれぞれ作成したものがあります。大学生と一般向けには

ACTFLの作文能力テストがあります。ここでは、この3つの試験で使用されている作文評価法について検討してみます。

3.1 国際バカロレア（International Baccalaureate: IB）の日本語ライティング評価

　国際バカロレア（以下IBとします）プログラムのテストには母国語話者用のLanguage A（Subsidiary Level ＝ SLとHigher Level ＝ HL）、第二外国語学習者用のLanguage B（SLとHLの文学作品を含む）、短期間学習者用のAb initioの3つがあります。ここでは、日本語教育の観点から最も汎用性が高いと思われるLanguage B SLレベルの日本語ライティング評価について考察します。IBプログラムのミッション・ステートメントは3つあります。1）探究心があり、知識が豊富で、思いやりのある若者を育成し、異文化間の理解と尊重を通じて、より平和な世界を創造すること、2）この目的のために、学校、政府、国際機関と協力して国際教育と挑戦的なプログラムを開発すること、3）世界中の学生が他者の違いを理解し積極的で思いやりのある生涯学習者になることを推奨することを目標にしています。

　2020年からのLanguage B SLレベルの配点は、書く（25%）、読む（25%）、聞く（25%）、話す（25%）です。日本語ライティングの場合は75分の制限時間内に設問に500–800字で答える形式です。そして、次の4つの目標をあげています。

1. さまざまな目的のために明確かつ効果的にコミュニケーションができる。
2. さまざまな対人的および異文化的文脈に適した言語を理解し、使用することができる。
3. 読み手を理解して言語を使用し、流暢かつ正確にさ

まざまなアイデアを表現することができる。

4. さまざまなトピックに関するアイデアを整理して、相応しい書式で提示することができる。

表1　Language B SL レベルの採点基準

基準A 言語 (Language)	どのくらい正確で効果的に言語が使用できるかを評価。最高点11–12点の到達基準：語彙・言語（文法・表記等）は効果的に使用されている。構文の使い方は正確であるが、複文には少しの間違いがある。	配点 (0–12点) 最高点 10–12点
基準B メッセージ (Message)	どの程度アイデアを論理的に説明し発展することができ、メッセージを伝えることができるかを評価。最高点9–10点の到達基準：作品を選んだ論理的な根拠が述べられ、有効的に例を使用し、整理されて強いメッセージが述べられている。	配点 (0–12点) 最高点 10–12点
基準C 概念の理解 (Conceptual understanding)	どの程度正確に内容や書く目的が読者に伝達できるかを評価。最高点の5–6点の採点基準：有効なテキストタイプ（文末表現など）を使って課題を読者に伝えている。	配点 (0–6点) 最高点 5–6点
合計		30点

　このように、IBでは2.1で紹介した項目別ルーブリックが使用され、配点は内容が12点、メッセージが12点、概念の理解が6点です。配点の割合から内容と言語（文法・構文・語彙等）に重みが置かれていることが理解できます。また、IBでは、2.5で紹介したアンカー評価法も使用しています。使用するアンカーは、テスト年度の多数のサンプルの中から採点責任者によって選ばれるため、サンプルが古すぎるといった問題は避けられるようです。

3.2　アドバンスト・プレイスメント（Advanced Placement: AP）プログラムの日本語試験

　アメリカではCollege Boardが主催するアドバンスト・プレイスメント（以下APとします）プログラムの日本語試験があります。この試験は主に高校3年生（Junior）と4年生（Senior）が受験します。最終総合スコアーが最低の1

から最高の5まであり、最終総合スコアーが3から5なら、大学の単位として認めてもらえる場合があります。筆者の勤務している大学では、AP日本語試験の最終総合スコアーが4なら、1年間（2学期分）の合計6単位、スコアーが5なら、2年間（4学期分）の合計12単位が取得でき、大学卒業単位の一部として認められます。

　この試験は日本語運用能力を評価することを目標に作成され、毎年約2,000名が受験します。評価の割合は4技能「聴解」「読解」「発話」「作文」それぞれが25％です。試験は2つのセクションで構成されており、第1セクションが20分間（30〜35問）の選択式（Multiple Choice）聴解問題と60分間（30〜40問）の選択式読解問題、第2セクションが3分間の会話と7分間の口頭でのプレゼンテーション、10分間の短文作成および20分間の長文作成です。

　ここでは、20分間の長文作成の評価について考察します。長文作成問題は、学校新聞などに記事を投稿するといった場面が設定され、字数は300〜400字程度以上書くこととされています。文章には、与えられた設問、例えば「学校に行くのに制服と私服のどちらが良いか」について、良い点と悪い点をそれぞれ2つ挙げ、比較しながら論理的に意見を進め、最後にどちらが良いか、その意見と理由を書くことが求められます。APプログラムの日本語試験もIBプログラムと同様、項目別のルーブリックとアンカー評価法を採用しています。採点責任者は約300〜500のサンプルから採点基準に適合するアンカー作文を決めます。そして、採点者は約2,000名の受験者の長文を部門ごとにルーブリックとアンカーを基に採点します。

　長文問題は次の3項目が採点されます。1）構成・統一性・アイデア等（Task）、2）読みやすい表現か・スペリング・漢字・語数等（Delivery）、3）構文・文法・語彙等（Language）です。配点は、3項目とも6点（最低点1〜最高

点6）です。なお、質問文の単なる言い換えや質問のトピックに対して全く関係のない内容、ローマ字（英語）など日本語で書かれていない場合は0点になります。下記は最高点6の採点基準です。

表2 長文作成：最高点6の採点基準

構成・統一性・アイデア等 （Task Completion）	文章は、設問についてどちらが好きか、そして理由はなぜか等、詳しく述べている。 文章はよく整理され、一貫性があり、またアイデアが明確に発展している。その順序を表す適切な接続詞などが使用されている。
読みやすい表現か・ スペリング・漢字・語数等 （Delivery）	自然で流れるような表現である。記述にほとんどエラーがない。AP日本語漢字リストの漢字に間違いがない。状況に応じた文末表現が一貫している。
構文・文法・語彙等 （Language Use）	豊富な語彙とイディオムが使用されている。 文法および構文のエラーが最小限か全くない。

　このように、APプログラムの日本語試験では、前項で見たIBプログラムと同様に、項目別ルーブリック評価法とアンカー評価法が使用されていますが、ルーブリックの各項目の配点がIBプログラムのものとは異なります。IBでは、内容と文法・構文・語彙等が書式や論理的思考よりも高い配点になっていますが、APでは3項目が全て同じ配点になっています。このことから、APプログラムでは、3項目を同程度重視していると考えることができます。なお、アンカーに関しては、IBプログラムと同様、この試験でも採点責任者がテスト毎にアンカーを選びなおすことで短所を補っています。

3.3　ACTFLの作文能力テスト（Writing Proficiency Test: WPT）

　ACTFLの作文能力テストは、言語運用能力を「総合的ルーブリック評価法」で評価する試験です。課題は受験者が各レベルにおいて扱うことができる課題、また各レベルの能力に応じた内容、コンテクスト、正確さ、文章のタイ

プを定めています。採点者はルーブリック（ACTFL Proficiency Guidelines）によって総合的に採点を行います。評価は初級（Novice）の上（High）・中（Mid）・下（Low）、中級（Intermediate）の上（High）・中（Mid）・下（Low）、上級（Advanced）の上（High）・中（Mid）・下（Low）等に分類され、最終スコアーで判定されます。

　ここでは初級、中級、上級の採点基準について考察します。まず、初級の場合は、主に学習者自身に関する情報を日本語のひらがな、カタカナ等で正確に書くことができるかが到達基準となります。

ACTFL 初級評価基準

> 初級レベルは、単語や語句を使ってリストやメモなどを書くという能力が必要である。このレベルの書き手は、簡単な書式や文書などで見られる限られた範囲の決まった情報を書き込むことができる。例えば自分の名前、年齢、好きな食べ物、嫌いな食べ物、好きなスポーツなど、ごく単純なメッセージを伝達することができる。主に、練習したことを再利用して表出することができる。更に、ある程度の正確さをもって、知っている単語や語句を文字で表したり、ひらがなやカタカナの文字を複写したり、また基礎的な文字を模写することができる。

　次に、中級の場合は、日常生活と密接に関連したトピックが扱え、予測可能な内容で記述することができるかが到達基準です。文章は単文を中心に使用し、複文になると、いくつかの不自然な日本語表現が含まれる点は許容されます。

ACTFL 中級評価基準

> 中級レベルでは、簡単なメッセージや手紙、情報の依頼、メモといった実用的な文章のニーズを満たす能力が必要である。更に、文章で、簡単な質問を聞いたり答えたりすることもできる。このレベルは興味のある話題に対し、自分なりのメッセージや、簡単な事実や考えを伝えたりすることができる。主に現在形で書き、単純で短い文章を使う。また、母語話者ではない人の不自然な文章に慣れた人が理解できる程度の意味内容を表現する基本的な語彙と漢字と構文を使用することができる。

　最後に、上級レベルでは2〜3段落の正確な文章が作成できるかが到達基準となります。簡単な要約や詳細な説明

能力も必要です。基本的な構文や使用する語彙が適切に使える必要がありますが、語彙、文法、文体に多少の誤りがある場合、外国人の文章に慣れていない日本語母語話者に理解可能な文章であれば許容されます。

ACTFL 上級評価基準

> 上級レベルは、よくある型通りのインフォーマルな通信文やいくつかのフォーマルな通信文を書くことができる。また、物語り文（ナラティブ）、描写、事実的な内容の要約を書けるといった能力が特徴である。このレベルの書き手は、情報を明確に伝えるために、言い換えや詳細な説明文を使って、現在、過去、未来の主要時制枠で順を追って出来事を語ったり、描写したりすることができる。このレベルでは、2–3段落の文章を書く能力があり、最も頻度の高い構文や一般的な語彙や漢字をよく習得している。そのため、母語話者ではない人の文章に慣れていない者にも文章を理解してもらうことができる。

　このACTFLの評価も、これまでに見たIB・APプログラムのものと同じく、アンカー評価法とルーブリック評価法を用いていますが、以下の2点において異なります。まず1点目は、採点者のトレーニングです。ACTFLの採点者は、前もってアンカーを用いて作文を総合的に評価するための入念なトレーニングを受けます。もう1点異なるのは、総合的ルーブリック評価法を用いている点です。これら2点が、的確で素早い採点を可能にしています。

4 　協働学習・リレー作文の評価法について

　これまで、2、3節においてさまざまな評価法の考察を試みてきました。比較的客観的な評価法と主観的評価法にはそれぞれ長所・短所がありました。アメリカで実施されている大規模テストを見ると、比較的客観的な評価法であるルーブリック評価法と主観的評価法の1つであるアンカー評価法が併用されています。これはそれぞれの評価法の長所を生かし、短所を補うためであると考えられます。授業で大規模テストと同じような評価方法をとるのは現実的

ではないかもしれませんが、比較的客観的な評価法と主観的評価法の長所をうまく取り入れ、それぞれの欠点を補う評価方法を模索していくことは重要だと考えます。

　本節では、これまでの考察を考慮しながら、これからのグローバル社会において、ますます重要視される協働学習・リレー作文には、どのような評価法が可能かつ有効かを考えます。まず4.1では、アメリカにおいて協働学習が重視されるに至った経緯と協働学習の重要性・有効性を再確認します。その上で、協働学習の評価方法を考えます。

4.1　協働学習——発端・重要性・有効性

　Nowlin & Amare（2003）は、アメリカで協働学習（Co-operative Learning）が一般に普及するきっかけになったのは、ブッシュ（George W. Bush）大統領が2002年に「落ちこぼれ防止法（Leave No Child Behind Act）」に署名したことにあると述べています。Nowlin & Amareによると、この署名によって、全ての子供が積極的に学習に参加できるカリキュラムや教育環境の整備が始まったとのことです。そして、両氏は、学習過程への学習者の関与を高めるには、学習者の成功体験、好奇心、独創性及び満足度が大切であり、この学習過程には学習者のニーズ・興味・学習者の文化的背景を尊重した評価が有効であることを指摘しています。更に両氏は、協働学習では、小さなグループのメンバー同士が緊密に協力し合った末の成功体験が実社会への準備を可能にするとし、敵対関係を作らない友好的チームワークと問題解決に向けた創造的体験の重要性を指摘しています。

　また、Vaniya（2019）は協働学習の利点を以下の8つ指摘しています。

　1. 価値としての協働（Cooperation as a Value）：相互支援

を努力目標と見なし、他者を協力者と見なす。そして、競争ではなく、可能な限り協力を選択することを学習者に奨励することを意味する。これは協働学習の方法だけでなく、将来の生き方にもつながりえる。

2. 異なる学習者とのグループ化（Heterogeneous Grouping）：これによって、学習者は、好きな人や協力したい人だけではなく、今まで知らなかった人や、教師が割り当てた人とも協力することができるようになる。

3. ポジティブな相互依存（Positive Interdependence）：個人とチームの利益が正の相関関係にある場合に発生し、学習者はグループのタスクを完了するためにお互いが必要であると認識する。また、教師は相互の目標、共同の成績、共有の教材や資料、そして、個人に割り当てられた役割を確認することにより、前向きな相互依存関係を構築することができる。

4. 個人の説明責任（Individual Accountability）：各学習者の成績が頻繁に評価され、結果はグループと個人に知らされることで、全ての学習者が積極的に関与し、与えられた自分の学習や課題に責任を持つようになる。

5. 同時的な相互作用（Simultaneous Interaction）：協働学習は基本的に同時アプローチで、教師は学習者が各課題について話し合うようにグループを構成する。これによって、学習者は議論と活動の両方を同時に行うことが可能になる。学習者は課題を共有し、グループのメンバーを助けることによって、お互いの学習を促進する。そして、学習者はそのトピックについて知っていることをグループ・メンバーに説明し、話し合い、課題を解決できることができる。

6. 平等な参加（Equal Participation）：従来の教室活動では、クラス全体のうち1人の学習者だけが発表して

問題解決をしたが、チームで作業することにより、全ての学習者が参加することが奨励され、全ての学習者に成長の機会を与えることができる。

7. 協調スキル（Collaborative Skills）：学習者は、信頼構築、リーダーシップ、意思決定、コミュニケーション、そして、紛争管理のスキルが体験できる。

8. グループの自律性（Group Autonomy）：「チーム」としてのメンバーは、目標をどの程度達成しているか、メンバー間の効果的な協力関係を維持しているかについて確認するために、特定の時間が必要となる。この間、教師は、グループを指導し、グループがどの程度協力し、協働作業を行っているか確認をし、学習者やグループにフィードバックを提供することができる。

このように、これからのグローバル社会を生き抜くために必要な能力を育成するのに有効的だと考えられている協働学習は、どのように評価されるべきでしょうか。アメリカで既に使用されている評価法をもとに考察していきます。

4.2　協働学習評価法（Cooperative Learning Rubric）

2003年に全米英語教師会（National Council of Teachers of English: 以下 NCTE とします）と国際読書協会（International Reading Association：以下 IRA とします）は協働学習を評価するための項目別ルーブリック評価法（Cooperative Learning Rubric）を発表しました。この評価法には評価項目として、グループ目標への貢献（Contribution to group goals）、他者への配慮（Consideration of others）、知識の貢献（Contribution of knowledge）、他者との協働作業（Working and sharing with others）の4つが設けられ、各項目は1〜4点

で評価されます。採点の結果は、各活動が終了した時点で、学習者に知らせることとしています。下記がサンプルの評価基準です。

表3　協働学習評価基準（2003年版）

基準 (Criterion)	1. 受入れ難し Unacceptable (1 point)	2. 基礎的 Basic (2 points)	3. 理解可能 Proficient (3 points)	4. 最高 Distinguished (4 points)
他者への配慮 (Consideration of others)	時々、他者への配慮について注意が必要である	他者への配慮がある	他者への配慮があり、他者にも配慮するように勧めることができる	他者への配慮とニーズを理解し、全てのメンバーの知識、意見、スキルを尊重し、他者にも貢献するように勧めることができる
知識の貢献 (Contribution of knowledge)	指示を受けた時だけ情報を提供することができる	指示を受け確認を受けた時に、時々情報を提供することができる	指示や確認なしで知識、意見、スキルを提供することができる	いつも指示や確認なしで知識、意見、スキルを積極的に提供することができる
他者との協働作業 (Working and sharing with others)	指示を受けたり、勧められたりした時だけ、参加し、常にまたは頻繁に、他人の作業に頼る	時々、指示を受けたり、勧められたりした時だけ、参加し、多くの場合、割り当てられた作業だけを行う	積極的に参加し、割り当てられた作業を行うが、作業についての確認は滅多にしない	グループの必要な変更点を見つけ、グループに積極的に変更をするように働きかけることができる。そして、作業についていつも確認をすることができる
サインとコメント				

　2005年になると、更にNCTEとIRAは協働作業のスキル（Collaborative Work Skills）のための、新しい評価基準を提案しました。評価項目は、貢献度（Contributions）、時間管理力（Time management）、問題解決力（Problem solving）、他者との協力（Working with others）、研究手法（Research techniques）、統合力（Synthesis）の6つで、各4点の配点です。

表4　協働学習評価基準（2005年版）

	1	2	3	4
貢献度 (Contributions)	役立つアイデアを共有することはめったになく、参加は最小限であるか、全くしない	時々役立つアイデアを共有し、要求されたことはするが、それ以上はしない	多くの場合、役立つアイデアを共有し、明らかに参加に努めている	役立つアイデアを共有でき、議論を主導し、貢献するために努力をしている
時間管理力 (Time management)	たまに時間どおりに割り当てを完了し、遅延のためにグループが期限を変更したり、作業を再割り当てしたりすることがある	だいたい時間どおりに割り当てを完了し、遅延のためにグループが期限を変更したり、作業を再割り当てしたりすることがある	物事を先延ばしにするが、時間通りに間に合い、遅刻のためにグループが期限を変更したり、作業を再割り当てしたりすることがない	いつも時間どおりに割り当てに間に合い、遅刻のためにグループに締め切りの変更や仕事の再割り当てをしたりすることがない
問題解決 (Problem solving)	問題解決への答えを見つけたり、共有したりする努力をせず、全ての作業を他者に任せる	問題解決のために、答えを見つけられないが、他者の答えを改善し手伝うことができる	他者が見つけた答えを変更せずに受け入れ、問題解決への答えを提案しようと努力することができる	問題解決のために、いつも答えを見つけてグループで共有することができる
他者との協力 (Working with others)	他者の意見に耳を傾けず、他者の努力も支援せず、他者と作業はしない	時々、他者の意見に耳を傾け、他者の努力を支援できる。しかし、他者と作業はしない	他者の意見に耳を傾け、他者の努力を支援し、他者と作業ができる	よく他者の意見に耳を傾け、他者の努力を支援し、他者との作業を促進することができる
研究手法 (Research techniques)	複数の情報をめったに調べず、記録も取らない	多くの場合、さまざまな情報源を調べて記録しているが、大雑把である	大体、さまざまな情報源を調べて記録している	常にさまざまな情報源を調べ詳細に記録している
統合力 (Synthesis)	自分や他者が見つけたアイデアを有効に活用したり、複雑なアイデアをまとめたりすることができない	時々、自分や他者が見つけたアイデアを有効に活用できるが、複雑なアイデアには対応できない	大体、自分や他者が見つけたアイデアを有効に活用でき、複雑なアイデアには他者の助けが必要である	自分や他者が見つけたアイデアを有効に活用でき、かつまとめることもできる
合計				

　　これらの評価基準からは協働学習の目的達成のためには、それに至るまでのプロセスが重要であることが見て取

れます。そのため、目的達成に至るまでの作業プロセスを的確に評価することが重要になります。また、評価基準からは個々の学習者に何を求めているかが明らかです。大別すると、グループへの貢献【個人の役割ができる、知識や情報の共有ができる、問題解決ができる、アイデアをまとめたり変更したりできる、時間を守ることができる】と他者への配慮【他者の意見に耳を傾けることができる、他者の努力を支援することができる、他者との作業を促進することができる、他者を尊重することができる、他者にも貢献するように勧めることができる】であることが理解できます。

　そして、リレー作文を評価する際は、これら作業プロセスを重視した上で、結果、つまり完成した作文を評価するための項目：内容、文法、構文、語彙等を加えることが肝要だと考えます。各項目の重み（配点）は学習目標によって変えることも重要でしょう。また、誰が協働学習の評価をするのかも検討が必要だと思います。アメリカでは教師が協働学習のルーブリックに沿って評価をするのが一般的ですが、グループ全員で評価をしたり、メンバー同士が評価し合ったりしても良いと思います。このように学習者がルーブリックを使って評価することは、学習者自身がルーブリックを十分理解し、協働学習の目的や意義を理解することにもつながります。そして、グループのメンバー全員がルーブリックの最高点を目指して努力することが、結果的に協働学習の目的を達成することにつながっていくはずです。

5 ｜ おわりに

　作文の評価方法には比較的客観的な方法から主観的方法まであり、全ての方法に長所・短所があります。ですから、我々教師は課題の目的に最も合う方法を模索していく

ことが重要です。そのためには、何よりも先に、作文課題の目的を明確に自覚しなければいけません。そして、どのような評価法を使うのかを決め、配点も考える必要があります。次に、教師は自信を持って、学習者に作文の課題の目的と評価方法を説明する必要があります。この説明をすることにより学習者は何が求めれているのかが理解できます。目的、評価法、配点が明確でないと学習意欲にもつながらない可能性があります。

　リレー作文などの協働作文の評価では、いかに作文完成までのプロセスを評価するかが重要になります。教師が各学習者のオブザベーションをしながら評価するのか、学習者自らが評価をするのか、それともグループの他のメンバーが評価するのかを、最初に決めることも大切です。

　21世紀型スキルには、想像力・イノベーション・批判的精神、問題解決力、情報リテラシー等がありますが、他者との関わり合いの関係で可能なコミュニケーション・コラボレーション・他文化に関する対応等を含んだ協働学習評価法はますます重要になると思われます。

　ここまで触れてきませんでしたが、近年はインターネット上での作文評価が試みられています。GoodWriting（2014–2020）やjWriter（2019–2021）で、決められた条件に当てはまる作文であれば自動で評価してくれます。現状これらは完成した作文、つまり結果の評価しかできませんが、今後はAI技術などを駆使することによって、協働作業のプロセスも客観的に評価される時代がくるのかもしれません。

参考文献　科学研究費補助金プロジェクト（2014–2020）GoodWriting. Retrieved October 1, 2021, from https://goodwriting.jp/wp/agreement
科学研究費補助金プロジェクト（2019–2021）jWriter. Retrieved October

第2章　【評価法】アメリカからリレー作文の評価法を考える

1, 2021, from https://jreadability.net/jwriter/

国際文化フォーラム（2013）『外国語学習のめやす　高等学校の中国語と韓国語教育からの提言』

ACTFL. *ACTFL Proficiency Guidelines*. Retrieved October 1, 2021, from https://www.actfl.org/resources/actfl-proficiency-guidelines-2012/japanese

AP Central (2021) *AP Japanese Language and Culture Scoring Guideline*. Retrieved October 1, 2021, from https://apcentral.collegeboard.org/pdf/ap21-sg-japanese-language.pdf

ATC21s. *Assessment and Teaching 21st Century Skills*. Retrieved October 1, 2021, from http://www.atc21s.org

IB Program. *Language B Guide*. Retrieved October 1, 2021, from https://www.sdgj.com/ckfinder/userfiles/files/c9029a01c2c3db7704b1eb12c356bdd4.pdf

IRA/NCTE (2003) *ReadWriteThink*. Retrieved October 1, 2021, from https://www.readwritethink.org/sites/default/files/resources/lesson_images/lesson95/coop_rubric.pdf

National Council of Teachers of English (NCTE) & International Reading Association (IRA) (2005) *Collaborative Work Skills Rubric*. Retrieved October 1, 2021, from https://www.learningsciences.com/wp-content/uploads/2020/06/PA.resCCollaborative_Work_Skills_Rubric.pdf

National Council of Teachers of English (NCTE) & International Reading Association (IRA) (2009) *Standards for the Assessment of Reading and Writing*. Retrieved October 1, 2021 from, https://ncte.org/resources/standards/standards-for-the-assessment-of-reading-and-writing-revised-edition-2009/

Nowlin, B. R., & Amare, N. E. (2003) Does Cooperative Learning Belong in the College Writing Classroom? *Institute Education Science*. Retrieved October 1, 2021, from https://files.eric.ed.gov/fulltext/ED477450.pdf

Osuka, S. (2011) Revisionist Views on Forming Identity in the Japanese Curriculum: A Comparative Study of Japanese National Textbooks and Language Books Used in the U.S. *Proceedings of the International Conference on Language Education and Formation of Identity* (pp.155–160). Waseda University.

Vaniya, K. K. (2019) *Development of Soft Skills Through Cooperative Learning Among Secondary Student-Teachers*. The Maharaja Sayajirao University of Baroda. Retrieved October 1, 2021, from https://www.proquest.com/docview/2562247267/fulltextPDF/2A9E763D008845E8PQ/1?accountid=13793

第2部
実践編1　基本情報

第3章
リレー作文の進め方・
タスク活動・実践例

野口 潔

1 | はじめに

　　本章では、リレー作文の基本的な進め方を説明した後、
リレー作文が使えるタスク活動を多数紹介します。最後に
具体的な実践例と学習者の気づきや学びなどを簡単に紹介
します。リレー作文は紙に書いて回す方法とインターネッ
ト上の共有ファイルに文字を打ち込んでいく方法が考えら
れますが、本章では両方に対応した説明を行います。

2 | 進め方

　　本節で説明するのはリレー作文のコア部分の進め方で
す。陸上競技のリレー走で言えば、第1走者がスタートし
最終走者がゴールするまでを説明します。もちろん、この
コアの活動をいきなり授業で始めるわけにはいきません。
それなりの準備・前作業が必要ですし、コアの活動後には
書きあげたものをグループで読み合い、協働でもっと良い
作品にしていくなどの後作業が欠かせません。そのような
コア前後の活動については、本章の3、4節で紹介しま
す。また4章以降の実践報告が非常に参考になります。
　　リレー作文コア活動の基本形は参加者全員で1つの作品
を書きあげる方法です（2.1）。この方法は陸上競技のリレ

一走と同じで、グループの1人が書き始めたものを次の人へと回してきます。しかし、この方法は、1人が書いている間、他のグループ・メンバーはただ待つか見ていることしかできません[1]。ですから授業中の活動にはあまり向きません。7章で大須賀が紹介しているような授業外の活動に向いています。

　授業中に行うのであれば、参加者全員が同時に書き始め、参加人数と同じ数の作品を書きあげる方法が良いと思います（2.2）。この方法なら、参加者は自分の順番を待つ必要がなく、無駄な時間を省くことができます。

　以下では、上で述べた2つの進め方を参加者4人の場合を例にとって説明します。そのあとで学習者の数がうまく割り切れない場合を考えます。そして、時間配分、オンラインでのやり方、ストーリーマップという物語の構成を支援するビジュアル・ツールについて説明します。

2.1　4人で1つの作品を作る場合

　この方法はリレー作文の基本形です。図1のように、①のケンが文章の最初の部分を書きます。あらかじめ書く時間は決めておいて（2.4参照）、時間が来たら、②のアンに回します。アンはケンの文章を理解する必要がありますから、その時間もあらかじめ決めておきます。アンはケンの文章を理解した上で、続きの内容を考えて書きます。時間が来たら、③のトムに回します。トムもアンと同様に続きを書き、時間が来たら、④のエリに回します。エリのすることも同じですが、エリはアンカーですので、文章を完結させて終了となります。

　この方法は、上述したように1人が書いている間、他の3人は書けないという欠点があります。授業中に行うのであれば、次項で説明する方法のほうが良いと思います。

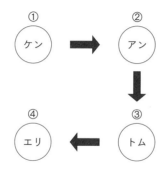

図1　4人で1つの作品を作る場合

2.2　4人で4つの作品を作る場合

　この方法は、学習者全員が同時に書き始め、一定の時間が来たら、別のメンバーに書いたものを渡していくというものです。図2は図1の4人全員が同時に書き始め、最終的に人数分の作品ができあがるまでの流れを表しています。少々わかりにくいですが、できあがる作品はケンが書き始めて、エリで終わる作品【①②③④】、アンが書き始めケンで終わる作品【ABCD】、トムが書き始めて、アンで終わる作品【アイウエ】、エリが書き始めて、トムで終わる作品【ⅠⅡⅢⅣ】の4作品です。この方法なら、全員が常に4作品のいずれかの箇所を書いていますから、時間をもてあますことはありません。

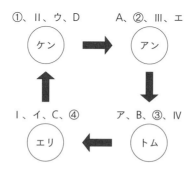

図2　4人で4つの作品を作る場合

第3章　リレー作文の進め方・タスク活動・実践例

図3 図2と同じことをインターネット上で行う場合

　図1と2は紙媒体が学習者の間を移動しているイメージですが、インターネット上の、例えばGoogleドライブでファイルを共有した場合のほうが、全員が同時に書き始め、次の人に回していく様子がわかりやすいと思いますので、図3にそのスクリーンショットを示しました。

　図3は図2と同じことをGoogleドライブ上で行う様子なのですが、これを見れば、参加者4人全員が同時に書き始め、順に担当作品（1～4）を移っていって、最後に4つの作品が完成されるまでの様子が理解しやすいと思います。

　図3のようなインターネットで共有ファイルを使って実践する場合については、2.5で説明します。

2.3　参加人数が均等に割り切れない場合

　リレー作文の参加人数がうまく割り切れないことはよくあります。その場合、a）時間で調整する、b）リレー回数で調整する、c）日本語能力で調整するなどの調整方法

が考えられます。

　ここでは、11人の学習者を分ける場合で考えてみます。11人の場合、人数は【2、2、2、2、3】【2、3、3、3】【3、4、4】【5、6】などに分けられますが、いずれの分け方でも人数は均一にはなりませんので、その調整方法を下で説明していきます。

　　a) 時間で調整する場合は、人数の多いグループに合わせて人数の少ないグループの時間を長めに調整します。例えば、【2、2、2、2、3】に分けた場合、3人のグループが5分ずつ書くのであれば、15分程度かかりますから（時間配分の詳細は2.4）、2人のグループは1人が書く時間を8分程度にして、対応します。

　　b) リレー回数で調整する場合は、人数の少ないグループが1回多く回します。例えば、【2、3、3、3】に分けた場合、2人ペアの1人が文章を2度書くことによって、3人のグループと同じ時間に終わるようにします。

　　c) 日本語能力で調整する場合は、日本語能力の低い学習者を高い学習者と組ませて1人と考えます[2]。例えば、【5、6】に分けた場合、6のほうに能力の低い学習者と高い学習者のペアを配置し、2人でいっしょに1箇所を作成します。

　いずれの方法で調整するかは、学習者の状況を見て判断すればよいと思いますし、書く内容によっても調整の仕方は異なると思います。

2.4　時間配分

　実施前に、学習者の能力や授業時間を考慮して、書く時間と読む時間の両方を設定します。読む時間は、それまで

に書かれた文章を理解し、作者の意図などを推し量る時間であり、また、書かれた文章がわからなければ、それを書いた本人に尋ねる時間でもあります。読む時間は、余裕があれば、何を書くか考える時間としても使えます。

　表1に4人で行う場合の例をいくつか示しましたが、授業で30分以上の時間を割くことが難しい場合は、日にちを分けて行うこともできます。例えば、1日1人に書いてもらって、読むのは宿題にする。あるいはすべてをオンラインの宿題にして、1週間で仕上げるような授業外の活動にしてしまうのも一案です（7章参照）。表1はあくまでも授業内活動を想定したリレー作文のコア部分の時間配分です。上述したとおり説明や導入活動はもちろん必要ですが、表1でそれらの時間は考慮していません。

　授業内活動の場合、決められた時間が来たら、書く作業が途中であってもやめることになります[3]。もちろん時間はあまり厳格にせず少し幅をもたせ、文を完成させたのを見計らって次の人に回すということでも良いと思います。逆に時間を厳格に決め、完成していない文を、次の学習者に考えさせるのも面白いと思います。

表1　参加者4人の時間配分例（単位：分）

合計時間	1人目が書く	2人目が読む	2人目が書く	3人目が読む	3人目が書く	4人目が読む	4人目が書く
約30	5	1	5	2	5	3	5
約60	10	2	10	3	10	4	10
約80	15	3	15	4	15	5	15

2.5　オンラインのファイルを共有して行う場合

　本項では、図3（2.2）のような状態を作る方法がわからない読者の方向けの説明を行った上で、学習者との共有方法とGoogleドキュメント上でのリレー作文について紹介します。図3は以下の方法で4つのファイル（ファイル名：

作品1〜4）を作った状態をスクリーンショットに収めたものです。なお、以下の説明は、2021年8月22日のGoogleドライブの状態をもとに説明しています。

（1）Googleドライブの白い画面で右クリック、「新しいフォルダ」を左クリックして選ぶと、新しいフォルダができます。名前は適当につけます。
（2）新しいフォルダをダブルクリックして、フォルダを開き、白い画面上で右クリック、「Googleドキュメント」を左クリックで選ぶとファイルが開きます。
（3）開いたファイルの左上が「無題のドキュメント」になっていますから、そこを左クリックして、題名を付ければ、ファイルが1つできあがります。
（4）新しいフォルダ内で、同じことを繰り返すことで、新しいファイルができあがっていきます。

　新しいフォルダを学習者と共有するには、フォルダを開いた状態で、上部のフォルダ名（例えば、図3上部の「リレー作文」）をクリックすると、「共有」という選択肢があります。それを左クリックで選ぶと、「ユーザーやグループと共有」画面が開きます。該当箇所に学習者のメールアドレスを書き込み、「送信」をするか、リンク先をコピーし、それを学習者に伝えることで共有可能となります。
　「Googleドキュメント（ファイル）」は、「Microsoft Word」とほぼ同じように使えます。編集の履歴はファイル上部の「最終編集」をクリックすることで、誰がどの箇所を変更したのかをある程度確認することができます。
　それから、□の中に＋マークの入ったアイコンを選ぶと、指定箇所にコメントを残すことができますので、リレー作文の校正作業の際などに活用できます。
　学習者がインターネットに接続できる環境であれば、上

45

で作った新しいフォルダを共有して、リレー作文を行うのが効率的です。上の方法で、学習者の数だけ新しいファイルを作り、全員がフォルダを共有できたのを確認して、一斉にリレー作文を始めることができます。なお、書く順番は図3のようにあらかじめ決めておく必要があります。人数が多い場合は、グループごとにフォルダを分けたほうがいいかもしれません。

2.6　ストーリーマップ（Story Map）
──物語作成を支援するビジュアル・ツール

　リレーで書くジャンルは、ストーリー性のある物語が適していると思います。学習者のレベルに合わせ、「ある物語の続きを書く」「教科書のトピックに関連したテーマで書く」「全く自由に書く」などが考えられます。書くジャンルは、その他に、本章3、4節や実践編7、9章で紹介しているように説明文、意見文のようなものも可能ですが、その場合、書き始める前にグループで資料などを読み、ある程度書く内容の統一がとれるように準備をする必要があります。

　本項では、物語を書く場合の視覚的支援教材となるストーリーマップ（Story Map：以下SM；Harris & Hodges 1995）を紹介します。SMは、図4のように物語に何をどの順に書けばよいかを視覚的に表したものです。「起承転結」よりも「①ねがい」「②つごうがわるいこと」「③つごうがいいこと」「④けつまつ」のほうが具体的に何を書けばよいのかがわかりますので、学習者は書く内容を準備しやすくなります[4]。図4の例文はテーマに合わせてアレンジして使うとよいと思います。また、①～④は「設定・登場人物・問題が起こる・問題を解決しようとする・結末」などのように別の言い方にすることもできます。

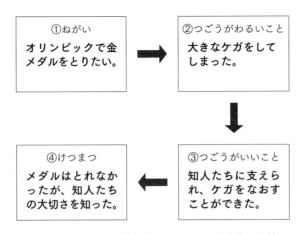

①ねがい
オリンピックで金メダルをとりたい。

②つごうがわるいこと
大きなケガをしてしまった。

③つごうがいいこと
知人たちに支えられ、ケガをなおすことができた。

④けつまつ
メダルはとれなかったが、知人たちの大切さを知った。

図4　ストーリーマップ（山本 2014: 84 の図を参考に作成）

3 | リレー作文が使えるタスク紹介

タスクには大別すると、文法・言語重視型と内容・意味重視型があります（Storch 2013）。両者を分けて、代表的なタスク活動を実践可能なレベルも含め紹介し、リレー作文をどのように組み込めるかを説明します。

3.1　文法・言語重視型タスク活動

文法・言語重視型の主な目的はFocus on form、つまり学習者が文型や語彙を正確に産出できるようにすることにあります。そのため、一般的な作文のイメージとは異なる活動が多いようです。例えば、Storch（2007）などが「編集タスク」と称して行っているのは、文章の形態的間違いなどを協働で修正するもので、それだけでは作文とは言えない活動です。また、Niu（2009）やStorch（2008）が行っている文章再生タスクは、クローズ・テストそのもので、空欄に適切な形の動詞や語彙を協働で入れる活動ですから協働作文とは言いにくい活動です。

しかし、日本語学習を始めたばかりの学習者であれば、下

A.で紹介する短文完成タスクなどは、リレーでの初歩の活動としてゲーム性があり、有効な活動に思われます。6章で岡田・野口が実践報告を行っています。その次に紹介するディクトグロスは、近年の協働作文研究でも使用されている、比較的作文らしい活動で、これも初級から可能な活動です。

A. 短文完成タスク（初級以上）

習得を目標とする文法表現を使って、短い文を協働で完成させるタスク活動で、例えば、英語のものはSpiro（2006）が紹介しています。本章では、文法表現を使ってペアやグループで絵を描写する活動を紹介します。

文法「～たら…た」の練習

(1) ペアで絵1のような、因果関係がある程度自由に想像できそうな絵を見て、①と②の空欄にリレーで文を書き入れる。
(2) できた文にミスがないか、もっと情報を加えられないかなどをペアで検討する。
(3) クラスで完成した文を紹介する。
(4) 教師がフィードバックする。

絵1

Look at the picture and complete the sentence with a relay.

① _____ たら、
② _____ 。

解答例
①父のしごとをてつだったら、
②お金をくれたので、うれしかったです。
①下を見ながら歩いていたら、
②きれいな五百円玉を見つけました。

　ゼロ初級（初心者）レベルであれば、絵1を見て、下のような文を4人のリレーで完成させる練習もありえます。

① _____ ② _____ ③ _____ ④ _____ 。
　subject　　location　　object　　verb

解答例
①トムは　②こうえんで　③お金を　④ひろいました。

　逆に、初級後半以上であれば、いくつかの文法を組み合わせて、絵2のような4コマ漫画をリレーで描写してもらう練習も可能です。

絵2　4コマ漫画

① ＿＿＿＿＿＿＿＿＿＿＿＿＿＿たら、
② ＿＿＿＿＿＿＿＿＿＿＿＿＿て、
③ ＿＿＿＿＿＿＿＿＿＿＿＿＿て、
④ ＿＿＿＿＿＿＿＿＿＿しまった。

解答例

①歩きながらスマホを見ていたら、

②階段からころがり落ちて、

③おしりでスマホをふみつぶして、

④スマホをこわしてしまった。

B. ディクトグロス（初級以上）

聞いた内容を協働で文章にする活動で、現実的にありえる（Authentic）活動ですし、多くの研究者（Chen 2020; Fortune 2005; Kim 2008; Swain 1998他）がこのタスクを使って協働作文の効果を検証してきました。聞かせる内容を調整することで、日本語の場合はひらがなカタカナが既習であれば初級からの活動も可能で非常に汎用性の高い活動です。

考案者とされるWajnryb（1990）が紹介している手順は次のようになりますが、この（4）の段階でリレー作文を採り入れることができます。

（1）学習者は1段落程度の内容を2回ナチュラル・スピードで聞く。

（2）1回目は、学習者は単に聞く。

（3）2回目は要点をノートする（完全な書き取りではない）。

（4）ペアやグループでノートをもとにリレーで文章を再現する。

（5）再現した文章をペア・グループで推敲する。

（6）完成したものをクラスで披露・批評し合う。

（7）教師がフィードバックする。

リレーは、ペア・グループの全員が一斉に書き始め、人数分の異なる再現文章を作る（2.2）と比較もでき、良いと思います。

　なお、実践の際は、この手順に忠実である必要は全くなく、学習者の状況に合わせてさまざまなバリエーションが考えられると思います。実践例のいくつかは国際交流基金のサイトなどでも紹介されていますので、参考になさってください。

3.2　内容・意味重視型タスク活動

　文法・言語重視型に比べ、作文らしい活動となるのが本項で紹介するタスク活動です。

A.　ディクトグロス（中級以上）＝ 3.1B.

　前項3.1B.で紹介した通り、先行研究では文法や語彙表現の正確さに注意を向けることを目的としてディクトグロスが実践されていますが、内容重視の活動にすることもできます。例えば、比較的長い話をできるだけ簡潔に自分たちの言葉でまとめることを活動タスクとすれば、中級から上級レベル向きの内容重視の活動にもなりえます。やり方は3.1B.の通りです。

B.　コメント・タスク（初級後半、主に中上級向け）

　意見文／説明文／データなどについてコメントを協働で書くタスクで、リレー作文が可能です。読む内容や書く量を調整したり、ワークシートを用意したりすれば、初級後半からでも実践可能なタスクだと思います。

　読んだ内容の要約とコメントを併せて、批評文として仕上げたり、読んだ内容を参考に自分たちで意見文、説明文などを書いたりする活動が中上級レベルには向いていると思います。例えば、下のような活動が考えられます。（3）

でリレー作文を行いますが、実際のリレーは（2）で行うと考えたほうがよいでしょう。（2）で自分が担当する箇所をどうするのか、導入部分担当の学習者が説明し、参加者全員によるアウトライン作成が欠かせません。ある程度何を書くのかを全員が共通認識を持った上で、分担を決め、書く作業は宿題などでこなします。

（1）アンケート調査結果（例えば日本人学生のSNSの利用状況）を見て、どのような傾向が見られるか、ペア・グループで話し合う。
（2）アンケート結果の説明、結果の特徴、批評／考察などを箇条書きし、アウトラインを作成する。
（3）箇条書きを共有した上で、内容を導入・結果・特徴・批評／考察・結論などに分け、分担し書く。この分担作業をリレーで行う。
（4）書いたものを全員で話し合いながら推敲し、仕上げる。

C．ジグソー（中上級）

　ジグソー（Jigsaw）は、Aronsonら（1997）が考案したとされるものを協働作文用にアレンジした活動です。基本的なタスクはジグソーパズルと同じで、ばらばらになった文章を元に戻す活動です。元に戻す際に作文を行いますが、その際リレー作文が使えます。作文以外に口頭によるコミュニケーション、読解活動などを行いますので、4技能を使った総合的な活動です。人数は8人以上欲しいところですが、下（3）の活動を協働でなく1人で行えば、3人ないし4人のような少人数クラスでも実施は可能です。

（1）準備：活動の前に説明文、物語やマンガなどを4つ程度に切り離して（ばらばらにして）、クラスの人数

分用意しておく。例えば、12人のクラスであれば、同じ物語を3枚コピーして、それぞれを4つに切って人数分の12枚を準備しておく。

(2) ホームグループを作る。これは家族と考えるとわかりやすい。例えば、12人のクラスであれば4人（父・母・娘・息子）のホームグループを3つ作る。13人など均等に割れない場合、日本語能力が比較的低い学生を高い学生とペアにして、実質4人ずつのグループにする。

(3) エキスパートで集まる。各ホームグループから父は父、母は母、娘は娘、息子は息子だけで集まり、これをエキスパートグループと呼ぶ。これは上の家族が朝に家を出て、それぞれ会社や学校に向かうイメージ。

(4) エキスパートグループそれぞれに、準備しておいた物語の断片（4つに切り分けたうちの1つ）を渡す。グループのメンバーは渡された内容を協力し合って、十分理解し、口頭でその内容を簡単に説明できるまで練習し合う。つまり、ここで物語の断片1つだけのエキスパートになる。

(5) ホームグループに帰る。その際、エキスパートグループで読んだ文章は持ち帰らないようにする。自分の得た情報をメンバーに口頭で伝え合う（難易度が高すぎる場合には読んだ文章のメモ書きなどを利用させる）。

(6) 全ての情報をもとに物語を順番通りに並べ直し、元の物語のストーリーラインを再現する。この際にリレー作文を行う。元の物語と同一である必要はないが、どれだけ近いかをグループ間で競うことも可能。

(7) 作文をホームグループのメンバー全員でより良いものに仕上げて完成。

（8）時間があれば、クラス全体で発表し、評価し合う。

　やり方は、これだけでなく、（1）の準備の段階で、物語の最後の部分など1部分だけは学習者に教えず、その部分を（6）の活動で創造させて、物語を完成させるなど、バリエーションを考えるのも面白いと思います。

　ばらばらになった文章を元通りにする活動が現実にありえるかは少々疑問が残りますが、会社や学校で学んだことを家族に持ち帰り、分かち合う活動と捉え、それを学習者にも前もって伝えておくと、現実性も出て、良いかもしれません。

D. 課題解決型学習

　課題解決型学習はデューイ（1957）が実践をもとに提唱した学習理論で学習者が身近にある課題について考え、その解決方法を試行錯誤すること自体を重視した学習方法です。例えば、学習者に今学んでいる学校や大学などをテーマとして与え、学習者自らが学校や大学の問題点を指摘し、その解決策をクラスメイトと協働で思考しレポートを作成します。下は流れの1例です。これ以外に教師にはさまざまな準備・補助作業、更に下記E. プロジェクト型学習の最後に説明しているような評価作業が必要になります。

（1）ブレーンストーミング：学習者に今学んでいる大学の問題点を色々とあげてもらう。

（2）グループ編成：上の最も取り組みたい問題が共通する学習者でグループを編成する。

（3）問題の特定：グループで問題の本質を話し合い、問題点を明らかにする。

（4）解決策：解決策を話し合うことで、逆に問題点を再確認、または問題点の再考・修正をする。

（5）調査：実際の現場に行ったり、担当者に話を聞いたりし、上（3）（4）の妥当性を再確認する。

（6）レポート作成：以上をもとに担当箇所（導入・本論・結論など）を決め、リレーで文章を作成し、グループ全員で推敲を重ね、完成させる。

　レポート作成で終わりでなく、下のプロジェクト型学習で紹介しているような発表活動を入れるのも良いと思います。

E. プロジェクト型学習

　課題解決型学習と同じくデューイ（Dewey 1938）の「learning by doing」の考え方をもとにしていると言われています。国際文化フォーラム（2013）は「学習者中心・内容重視」の考えに基づき、学習者自らが課題ないし目的を設定し、その解決・達成に向けて、クラスメイトとの共同作業や教室外の人との交流を行うものと説明しています。学習者は責任感、目的の設定から達成に至るまでのさまざまなスキルを学ぶ（Wang 2012等）だけでなく、調査活動を通して知識を蓄積する（Jang 2006等）といった報告もあります。また、学習者は他の学習者との交渉やコミュニケーションを通して言語能力を向上させることも期待できます（Diehl Grobe Lopez & Cabral 1999）。下では、国際文化フォーラム（2013: 87）が紹介しているプロジェクト型学習を参考に、リレー作文を組み入れた例を説明します。

（1）目標の提示：自分たちの関心事についての意見や考察をビデオにまとめ、YouTubeで発信する（公開、非公開は学習者の自由）。

（2）テーマの設定：学習者が関心のある事柄やグローバル社会にとって重要なテーマを決める。

（3）計画・準備：目標に向けたプロジェクトの概要を計画する。

（4）調査・研究・交流：インターネットや書籍、更にはさまざまな人々との交流、意見交換などから情報を収集、調査する。

（5）スクリプト作成：最終目標に向け、異なる意見などを調整しながら、担当箇所を決め、リレーでスクリプトを書き、推敲を重ね、完成させる。

（6）ビデオ作製：スクリプトをもとにビデオを作成する。

（7）発表：完成させたビデオについて、完成までの経過や苦労した点、学んだ点、内容などを発表する。

（8）評価：目標達成度などをグループで評価し、協調性・積極性などを自己評価（内省）し、作品は教師が評価する。

　発表の際、他の学習者、教師から出た感想や意見を参考に、ビデオの修正作業を経て、最終版のビデオを提出してもらってもよいと思います。この実践例は9章で紹介しています。

4 ｜ 上級クラスでの実践例

4.1　実践例

　本項では、筆者が上級作文クラスで実践している一連の活動を紹介します。初・中級の活動例は本書の4〜7章をご覧ください。4章では気をつけるべき点やさまざまな実践のヒントを紹介しています。また、7章は評価方法について詳しく説明していますので、ぜひご参照ください。

　ここで紹介する上級クラスの活動では、1日目に物語の基本を理解するためのタスク活動を2つ行い、学習者が2日目のリレー作文に取り組みやすくしています。3日目に

はリレー作文で書きあげた文章をより良くするためのクリティカルシンキング活動（4.2）を行っています。90分の授業3回分の内容ですが、内容を分けて6回程度で行ったり、リレーで書くところは宿題にしたりすることも可能だと思います。

実践例

●対象クラス：上級
●目的：
　◆リレー作文によって4段落構成の物語を自由に創作する。
　◆学習者同士の相互行為・クリティカルシンキング活動を通して、さまざまな気づきや学びを促す。

●1日目：準備・導入（物語の基本を理解するための活動を2つ行う）
【活動1：物語の展開予想】話の展開が予想しやすい3.1A.の絵2のような4コマ漫画を使い、物語の展開を予想する練習を口頭で行う。
（1）パワーポイントなどで4コマ漫画の最初のコマだけを見せ、学習者に協働で次のコマの内容を考えさせる。それを最後のコマまで行い、物語の展開（何らかの問題が起こって、結末につながる）のイメージを持ってもらう。
（2）ペア・グループで、上（1）で使った4コマ漫画の内容をまとめる練習を口頭で行う。
【活動2：ジグソー】バラバラになった物語の順番を元に戻す。
（3）短い物語を4つに切り分けたものを用意しておき、3.2C.で紹介したジグソーを行う。
（4）上（3）の活動後に物語に必要な要素を学習者に考えてもらう。登場人物、場面設定、ストーリーライン（問題と解決）など。
宿題：活動1で使った4コマ漫画の描写文を書く。また、自分だったらどのような設定の物語にするか考えてくる。

●2日目：リレー作文
（5）下（7）の流れを説明する。
（6）本章2.4を参考に時間配分を決め、書く順番を決める。
（7）本章2.2で紹介した、全員が一斉に書き始めて人数分の物語を書きあげるリレー作文を行う。
（8）書きあげた物語は全て回収する。当日の残りの時間は実践の感想などを書いてもらう。

●3日目：クリティカルシンキング活動（4.2参照）
（9）2日目に書きあげた物語をグループの人数分コピー、配布する。図5（4.2）を用いて、クリティカルシンキング活動について説明する。グループで書きあげた物語を読み合い、意見を出し合い、より良い物語にするために意見を交換し合う。
（10）活動の振り返りを書いてもらう。
（11）宿題：話し合いをもとに、物語をワープロで仕上げ（学習者が作業を分担する）、後日提出する。

4.2　クリティカルシンキング活動

　リレーで書いたものを、より良い作品にするための活動がクリティカルシンキング（道田 2012）活動です。図5がクリティカルシンキング活動前に説明用に使用するものです。書きあげたものをより良くするためにはたくさんの選択肢が存在するはずです。「設定に不備はないか」「登場人物のキャラクターに一貫性はあるか」「思わぬ展開があるか」「結末は本当にこれでいいのか」「メッセージは？」、それらを1つ1つ吟味し、もっとも良い選択肢を選んでいくことで、最良の作品に仕上げます。

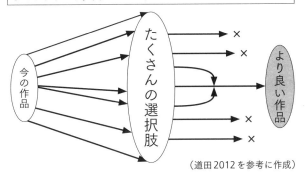

協働作業前の説明

今の作品をより良い（読み手の心を今以上に動かす）ものにしてみましょう。笑わせたり、ハラハラさせたり……。

今の作品

たくさんの選択肢

より良い作品

（道田 2012 を参考に作成）

図5　クリティカルシンキング活動説明用のイメージ図

4.3　学習者の気づき・学び・感想

　リレー作文では、読み手にも書き手にもさまざまな気づき・学びが生まれます。上級学習者の場合の一部を紹介します。

　（a）日本語に関する気づき・学び
　　（ア）字の読みやすさ・にくさ（紙媒体の場合）

（イ）漢字・語彙：自分より知っている
　　　（ウ）表現：きれいな言い方をする

　（b）内容に関する気づき・学び
　　　（ア）書き始める・続きを書く・結末を考える難しさ
　　　（イ）一貫性を維持する大切さ
　　　（ウ）想像力や思考力の高さ

　気づきは、更なる主体的学習へつながることが期待できます。

　学習者の感想は、日本語の能力が比較的低い学生の場合、ネガティブなものも時々見られますので、そういった学習者には注意深く対応する必要があります。その後の実践の課題ともなるはずです。ただ、大方の感想は「楽しかった」「またやってみたい」といったもので、エンターテインメント性を有する活動であることが実感できます。

5 ｜ おわりに

　リレー作文は協働学習であり、準備・導入が重要です。協働学習の意義や効果を単に説明するだけではなく、実践の成功例や失敗例のビデオを見せ、それについて学習者に話し合ってもらい、協働学習の意義、効果、経験、問題点などを認識してもらうことも重要でしょう。本書4章以降の実践報告は、その一助となるはずです。

　グループ分けも重要です。人数、言語能力、性格や相性、ビリーフ、文化的背景、動機づけや目的の差異などグループに影響する要因はさまざまです。4章からの実践編では実践例をくわしく紹介しますが、そのような実践での成功・失敗・教訓をもとに、どのようにリレー作文を実践するか試行錯誤することは重要だと考えます。

注　[1] もちろん1人が書いている間、他のメンバーが助けること（例えば、わからない語彙を教えるなど）は可能でしょう。

[2] 4章4.3.2でも解説しているように能力差のある学習者同士を組ませる場合、学習者の性格などを十分考慮する必要があるでしょう。

[3] 2章4節で紹介されているように時間の管理能力を評価対象とすることも考えられます。

[4] 4章の香港の大学生向け実践では「起承転結」が構成概念として使用されています。漢字圏の学習者にはそのほうがわかりやすいということもあろうかと思います。

参考文献　国際文化フォーラム（2013）『外国語学習のめやす―高等学校の中国語と韓国語教育からの提言』

デューイ，ジョン（Dewey, J. 宮原誠一訳）（1957）『学校と社会』岩波文庫

道田泰司（2012）『最強のクリティカルシンキング・マップ―あなたに合った考え方を見つけよう』日本経済新聞出版

みふねたかし（2021）『かわいいフリー素材集いらすとや』https://www.irasutoya.com/p/terms.html （2021年3月12日参照）

山本茂喜（2014）『一枚で読める・書ける・話せる！　魔法の「ストーリーマップ」で国語の授業づくり』東洋館出版社

Aronson, E., & Patnoe, S. (1997) *Cooperation in the classroom: The jigsaw method.* London: Addison-Wesley Education Publishers.

Chen, W. (2020) Disagreement in peer interaction: Its effect on learner task performance. *System, 88.* DOI:10.1016/j.system.2019.102179

Dewey, J. (1938) *Education and experience.* New York: Touchstone.

Diehl, W., Grobe, T., Lopez, H., & Cabral, C. (1999) *Project-based learning: A strategy for teaching and learning.* Boston, MA: Corporation for Business, Work and Learning.

Fortune, A. (2005) Learners' use of metalanguage in collaborative form-focused L2 output tasks. *Language Awareness, 14*(1), pp.21–38.

Harris, T. L., & Hodges, R. E. (Eds.) (1995) *The Literacy dictionary: The vocabulary of reading and writing.* Newark, DE: International Reading Association.

Jang, S. J. (2006) The effects of incorporating web-assisted learning with team teaching in seventh-grade science classes. *International Journal of Science Education, 28*(6), pp.615–632.

Kim, Y. (2008) The contribution of collaborative and individual tasks to the acquisition of L2 vocabulary. *The Modern Language Journal, 92*(1), pp.114–130.

Niu, R. (2009) Effect of task-inherent production modes on EFL learners' focus on form. *Language Awareness, 18*(3–4), pp.384–402.

Spiro, J. (2006) *Storybuilding*. Oxford: Oxford University Press.

Storch, N. (2007) Investigating the merits of pair work on a text editing task in ESL classes. *Language Teaching Research, 11*(2), pp.143–161.

Storch, N. (2008) Metatalk in a pair work activity: Level of engagement and implications for language development. *Language Awareness, 17*(2), pp.95–114.

Storch, N. (2013) *Collaborative writing in L2 classrooms*. Bristol, UK: Multilingual Matters.

Swain, M. (1998) Focus on form through conscious reflection. In C. Doughty & J. Williams (Eds.), *Focus on form in classroom second language acquisition* (pp.64–81). Cambridge: Cambridge University Press.

Wajnryb, R. (1990) *Grammar dictation*. Oxford: Oxford University Press.

Wang, M. (2012) Effects of cooperative learning on achievement motivation of female university students. *Asian Social Science, 8*(15), pp.108–114.

第3章　リレー作文の進め方・タスク活動・実践例

第3部
実践編2
初級・中級

【香港・初級】
時系列と起承転結構成を使った
創作活動

水戸 淳子

1 | はじめに

　　筆者はこれまで初級後半の授業で俳句や詩、物語作成と
いった創作を取り入れた授業を試みてきた（水戸 2013,
2016, 2017, 2018, 2019）。創作というと書き手が個人で想像
力を発揮して書き上げるのが一般的だが、複数の書き手が
順番に関わって完成させるという活動には個人の創作には
ない意義や利点がある。リレー作文の教育的効果・意義の
可能性について言及している野口（2016）は、長年の教師
経験の中でこれほど多種のフィードバックを学習者から得
た経験はなく、多くの教育的効果を秘めているように思わ
れると述べているが、筆者も似たような実感があり、様々
な形での試みを続けている。

1.1　本章のリレー作文の特徴・意義・利点
　　本章で紹介するリレー作文は複数の書き手が順番に交替
しながら書くという点以外に以下の特徴がある。

　　①人物の絵を用い、その人を主人公とした短い話を創作
　　　する。
　　②即興性を重視し、即座に短い文を付け加えていく形で
　　　完成させる。

③話の構成として「時系列」構成または「起承転結」の
　型を用いる。

1.1.1　個性を生かした協働的創作活動

　本章のリレー作文は、短歌を上と下の句に分け、書き手
がバトンを渡しながら作る連歌の創作を思い浮かべるとイ
メージしやすいだろう。このような創作は、自己の表現の
みで完結しないため、予測不能な発想や展開を受容しその
文脈も理解した上で限られた時間の中で次を付け加えなけ
ればならないという独特の使命感・スリル感がある。
　スリル感で言えば、書き手が置かれる状況は常に未知の
ものであり、「このメンバーと」「この順番で」だからこそ
生まれた唯一無二のものだという感覚から来るものもある
だろう。連歌が「座の文芸」と呼ばれるように、この活動
でも正に場に集う仲間との一期一会の協働でしか生まれ得
ない作品を創り出すことになる。
　また回し書きという形式はアイデアを紙に書きだしてい
く635法やブレイン・ライティングといった創造的発想技
法（高橋 2007）とつながる面もある。これらの長所として
よく指摘されている「参加者が均等に関与する／声の小さ
い人の発想が掬える」という点はこの活動とも共通してお
り、複数の人間がつながり相互に影響を与えつつもバトン
を受け取って渡すまでは確実に自分一人が担うパートであ
るため、協働創作でありながらも個人が完全に埋没するこ
とはない活動だと言える。

1.1.2　学習面での利点

　リレー作文は、創作でありながら前に書かれている内容
をまずしっかり読んで文脈も含めて理解する必要があるた
め、言語の発信・受容能力をバランスよく使う活動である
とも言える。自分で話をコントロールできない中で次を創

作するには前の部分の語彙や文と文のつながり、話の整合性・一貫性に注意を払って読み、書く内容を考える必要がある。

　また創作活動全般において言語知識の総合的な活用が不可欠であるが、この活動ではそれだけでなく、限られた短い時間での創作となることから集中力や日本語での瞬発的対応力を鍛えることができる。

　さらにクラスメイトと共に創作し、最後に作品をクラスで鑑賞するという過程においては、各自が産出した創作文がクラスメイトにとっての学習リソースになるという構図から、必然的にピアからの学びが組み込まれている活動であるとも言える。

1.2　実践で重視した点と本章の力点

　本活動にはこのような意義や利点があると考えているが、授業で創作をするのはあまりなじみがなく、上級ならともかく初級では……と感じる方も多いかと思われる。さらにそれをリレーで行うのはよりハードルが高く現実的ではないと考える方も多いかもしれない。また多くの学習者にとってもこういった活動は初めてであるため[1]、筆者は実践でウォーミングアップなどを含め段階を踏んで慣れていけるようにしている。

　本章では学習者と教師の双方にあると思われる不安や懸念を和らげ実りある活動が得られるように、実際の活動の紹介に力点を置き、実践する上での注意点や考慮すべき点、工夫点等について具体的に記述する。

　筆者の実践活動はまだ非常に小さい取り組みであり、作成された作品も極短いものではあるが、今後こういった活動を取り入れてみたいと思われる方々への参考、一助になれば幸いである。

2 │ リレー作文についての先行研究

　リレー作文は様々な名称で呼ばれている。古くからある連歌は有名であるが、文章を書き連ねていく活動であれば「リレー作文」「リレー創作」「リレー物語」「リレー小説」「リレー式ストーリー・ライティング」といったものがあり、英語であれば「chain writing/stories」「relay essays」「story telling relay」「relay-style creative writing」といった呼ばれ方がされ、国内外、言語の別を問わず広く行われている。

　日本語教育における協働／リレー作文の研究はこの10年ほどの間に、ナラティブ研究の視座からの論考を提示した嶋津（2013）のものを端緒とし、野口（2016）、田辺・野口・大須賀・岡田（2017）、岡田・野口・大須賀・田辺（2018）、野口・田辺・大須賀・岡田（2019）などにおいて初〜上級クラスでの実践の報告が行われている。初級での取り組みとして田辺・野口・大須賀・岡田（2017）の事例では導入として1人で1つの物語を完成させる活動を行った後、3〜4名のグループで主人公等の設定は特にしない形での活動が行われている。岡田・野口・大須賀・田辺（2018）では各自で1つの物語を完成させるタスクの後、新たな導入タスクとしてストーリーマップ、キャラクターマップを使用した活動を取り入れ[2]、最後に3名のグループで行われた活動が報告されている。

　筆者も初級後半のクラスで行ったクラス全体・グループでの活動について報告している（水戸 2019）。この試みでは1.1で述べた特徴の①②のみを使用し、構成については学習者に任せる自由発展形式を採った。この活動は自由な発想を表現するという点や多様なクラスメイトからの学びといった点においては意義・利点がある活動だと感じられたが、使用される語彙の振れ幅が大きく、また話の展開が

雑になる傾向があった。学習者への聞き取りでも特定のジャンルの語彙（吸血鬼、スパイなど）の使用について「漫画やドラマ、アニメから習っていてぜひ使いたいと思った」という声が多く聞かれ、また「話を最後にまとめるのが大変」という声もあった。これらを踏まえ筆者は、話の整合性や一貫性を支える柱として話の構成軸を指定することにし、1.1の③「話の構成として「時系列」構成または「起承転結」の型を用いる」を追加することにした。

3 授業の概要

　　筆者が本活動を行っているのは香港の大学で担当している初級後半の選択科目においてであり[3]、週1回2時間の授業が14週程行われている。これは必修に付随する形で行われており、主に日本語／日本研究を専攻する学習者（大半は2年生）が履修している。必修では週4時間の文法と2時間の総合的練習・活用の授業があり、文法では『みんなの日本語初級Ⅱ』の36〜50課を学習しているレベルである。

　　この選択科目の到達目標は「スピーキング、ライティングの様々な形式に慣れ、日本語での自己表現やコミュニケーションの力を高めること」となっており、必修と重ならないように内容が設計されている。具体的には場面別ロールプレイ会話や俳句、詩、物語を作るといった創作の他にそれらの発表の練習やそれらと関連する質疑応答、感想を述べる・書く活動、また意見を述べる・書く活動、ディスカッションなどがある。

　　14週の中でリレー作文は11〜12週の2週程を使って行っている。またこの授業では教科書は使用しておらず、担当が教材を適宜準備している。履修者数は年によって違いがあるが、20名以下で行われており、ほとんどの学習者が日本語／日本研究の他にも専攻や副専攻を取っている。

4 | 実践——語彙マップ作成から完成まで

　まずウォーミングアップとして行っている活動と、導入として学習者に活動について説明・提示している内容を紹介する。

4.1　ウォーミングアップ活動——語彙マップの作成

　履修者の多くがリレー、即興という形で創作していく活動は初めてであり、その場で発想したことを即座に日本語で表現するということに緊張や困難さを感じる人もいると考え、ウォーミングアップとして語彙マップを作成する活動を取り入れている。これは提示された1つの語彙から連想した言葉を線でつないで頭の中にある語彙のネットワークを書き出す活動であり、作成後、学習者同士で見せ合い自分の知らない語彙や語彙の関係性について互いに質問し合うことも行っている。

　語彙マップの使用は漢字や語彙学習、作文の指導などで報告されており[4]、学習者の個性や創造性を引き出したり学習意欲を高めたりするといった効果が指摘されている。この活動は導入しやすく、また筆者はこの活動を通して「自分の頭の中に既に十分な日本語の知識があること」や「即興で日本語を繰り出すことに慣れること」、「自由な表現を通してクラスメイトの多様な個性を実感すること」ができると考えており、リレー作文へとつながるウォーミングアップとして取り入れている。

4.2　導入——活動の内容とねらいの説明・提示

　始める前に学習者に対して表1のように活動の内容とねらいについて説明・提示している。

表1 「リレー作文について」[5]

内容
　絵の人物を主人公として、即興で1人が一文／一部分ずつ付け加えてクラス／グループで1つの作品を作ります。完成後、みんなで活動を振り返って、鑑賞します。

大切な点
・自由に想像力を膨らませて表現しましょう。
　（「解答」がある活動ではありません）
・1人で全部作りません。クラスメイトといっしょに作ります。
・「つなげる」ことが大切です。
・前に出てきた内容（特に直前の内容）の理解が重要です。
・即興で作るので、集中して考えて、表現することが大切です。

目指す作品
話の整合性・一貫性があるおもしろい話を作りましょう[6]。

活動を通して高められる力
・日本語の知識を活用する力
・文と文をつなげる力、話をまとめる力
・発想力・想像力
・集中力・瞬発的対応力（短い時間の中で読んで考えて表現しましょう）
・ピアと協力して達成する力
・ピアから学ぶ力（クラスメイトの表現から学びましょう）

★サポートします！
　表現したいことの日本語がわからない場合は英語を使ってもいいです。教師／クラスメイトがサポートします。
★期末の口頭テストではこの活動と関係のあるタスクがあります[7]。

4.3　実践したリレー作文の紹介

　リレー作文のタスク例や実践方法は3章でも紹介され、一部重複するところもあるが、本項では筆者のこれまでの実践で培った経験に基づくアドバイスや工夫点などの参考情報も含めて紹介する。3章と合わせて読むことで、実践活動のバリエーションを増やし、学習者や教室環境に合わせた授業設計に役立てて頂ければと考えている。

　以下、時系列構成を用いた「クラス単位」での活動と、起承転結構成を用いた「グループ単位」での活動に分けて紹介する。

4.3.1　クラス単位での活動──時系列構成でつながる活動

★実践する上でのアドバイスや工夫点、参考情報を☞Tip
で表す。

活動の内容と手順

　提示された「人物の絵」と「お題（タイトル）」を見てその人物を主人公とした「お題」についての作品が最後に出来上がるように口頭で1人一文ずつ加えていく。

> ☞Tip　学習者が後続の文を作りやすくするために冒頭の一、二文はこちらから提示して始めるといい。

　教師は出てきた文をホワイトボードなどに書いていき、全員が作成中の作品を確認できるようにする。

> ☞Tip　学習者から出てきた文の意味が明確でなかったり文法的な間違いを含んでいたりする場合は、その場で聞き返し、内容確認と簡単なフィードバックを行い、文法的に間違いがない文を書き残していくといい。

　話を追加していく順番は、教室で実施する場合、最初は座席順に行っていくと分かりやすくていいが、慣れてきたらアトランダムにするとより集中力や瞬発的対応力が求められる活動になる。

> ☞Tip　オンラインで行っている場合は、教室と違い「座席順」が共有しにくいため最初のうちは順番を示したものを予め提示しておくと学習者が過度に緊張せずに取り組める。

　作品を終わりにする時は「あと○人」といった具合に残りの人数を伝え、お題に沿った内容で話を締めくくるように伝える。

> ☞Tip　最初の回では教師が例を示したり、また予め話の最後を指定しておいたりしてもいい。

　作品が出来上がったらクラス全体で内容を確認し、質問や感想をやりとりする時間を設け、語彙や文法事項などについてフィードバックや解説を加える。

> ☞Tip 「人物の絵」と「お題」を変えれば様々なバリエーションのタスクが可能。複数回この活動を行う場合は順番が同じにならないように工夫するといい。またタスクは易しいものから少しずつ難しいものへと移行するようにするといい。

タスク例

時系列を話の構成の柱にして展開できるタスクの「お題」を紹介する。

> ☞Tip 使用する「人物の絵」は「お題」との兼ね合いから適宜用意するといい。

> ☞Tip 学習者に楽に後続文を産出してもらうために、使う文型を予め指定するというやり方もある。学習者のレベルなどを考慮して検討するといいだろう。

① 「わたしの毎日」：絵の人物が朝起きてから夜寝るまでのルーティンを想像して作成する。

> ☞Tip クラスで絵の人物の名前を決め、以下のような冒頭の一、二文を提示して始めてみるといい。「私は○○（名前）です。毎日〜時に起きます。」

② 「わたしの今日一日」：絵の人物が夜に日記を書いているという設定で、その日朝起きてから夜寝るまで何をしたのかを想像して作成する。

③ 「わたしの今日の（週末の／帰宅後の／夏休みの／卒業後の）予定」：絵の人物の予定を想像して作成する。

④ 「占い師の予言」：占い師とその占い師に占われている人物の絵を見て、占い師の予言を想像して作成する。

> ☞Tip 使用しなければならない言葉として特定の「時を表す言葉」や「接続詞」を予め指定しておいたり途中で教師からのキューとして出したりすると、難易度や作品の方向性を調整することができる。

時系列に沿った主人公の行動を表現する際、「て形」でつなげて表現したり、「〜てから」や確定条件の「〜たら」を用いて前の人が言った内容を前件で受け、後件で新しい内容を入れていったりするなどのアレンジも可能である。

☞Tip　前の人の言ったことを前件で示し、後件で自分の創作を入れると
いうやり方は鎖（chain）のように前件と後件のつながりが見えるので、
「つなげて作る」という意識を持ちやすいタスクになる。

表2　作品例1

タスク例②を使ったもの。途中で教師から接続詞「**ところが**」を使うようにキューが入
れられるので、それにも対応しなければならないという例。

1人目：私は今朝6時半に起きました。
2人目：7時半に出かけました。
3人目：出かけたら、近くに住んでいる友達に会いました。
4人目：**ところが**、友達が私のことを忘れていました。
5人目：私は怒りました。
6人目：友達とけんかしました。
7人目：友達が警察を呼びました。
8人目：**ところが**、警察じゃなくて消防士が来ました。
9人目：消防士が来たら、友達が突然逃げました。（以下省略）

4.3.2　グループ単位での活動
　　　　　——「起承転結」の型でつながる活動

活動の内容

　提示された「人物の絵」に基づいて「起承転結」の4段
落構成でその人物を主人公とした短いお話を作っていく。
4人一組で回し書きをしていき、4名の書き手によって1つ
の作品（「起」（1人目）→「承」（2人目）→「転」（3人目）→
「結」（4人目））が出来上がるようにする。どの書き手も必
ず各段落を一度は書くことになり、また最後には4名の書
き手によって書かれた4つの作品が完成することになる。
　筆者はこの活動を4.3.1の「クラス単位での活動」の後
に行っている。
　この活動で用いるのは表3の「起承転結」の型である。
「結」を除く最初の三部（「起」「承」「転」）の書き出しと、
「承」で書く内容が指定されている。

74

表3 「起承転結」の型

「起」：この人は＿＿＿＿です。趣味（好きなこと）は＿＿＿＿です。	
「承」：ある日、＿＿＿＿。⇐この内容は「起」で書かれた「趣味（好きなこと）」と関係することを書く。	
「転」：ところが、＿＿＿＿。	
「結」：＿＿＿＿＿＿＿＿＿。	

活動の手順

まず始めに「起承転結」構造について説明し、各段落が物語の中で果たす役割を確認する。

グループに分かれる前にウォーミングアップとしてクラスで例として話をいくつか作ってみる。その際に日本語学習の観点から特に説明や注意が必要だと感じられる項目について確認しておく。筆者のクラスでは「ある日」の意味・使い方と、「起」に出てくる「趣味（好きなこと）は＿＿です」の名詞文の作り方について復習し確認させている。接続詞「ところが」の使い方は4.3.1の作品例1にあるようにクラス単位で行ったタスクの際に既に練習済みである。

次に各部分を書く際の持ち時間と書く分量について伝えておく。「起」→「承」→「転」→「結」とプロセスが進むにつれ、より時間が必要になるため少しずつ持ち時間を長くする配慮が必要である。

> ☞Tip　学習者の能力や様子を見て決めるといい。筆者の実践では当初「起（2分）」→「承（2分）」→「転（3分）」→「結（4分）」を予定した。また書く分量は一文でいいということにしたが、実際にはそれ以上書いていた学習者もいた。

書いていく際に混乱がないように、回し書きをしていく順番をはっきり提示しておく。

グループ作りは特に最初の回においてはメンバーの積極性や能力などを考慮してバランスよく組み合わせる。

第4章　【香港・初級】時系列と起承転結構成を使った創作活動

☞Tip　クラスの人数上、4人一組で調整がつかない場合、最後の「結」
の部分を2つにした5部構成（「起」（1人目）→「承」（2人目）→「転」
（3人目）→「結 part1」（4人目）→「結 part2」（5人目））に挑戦してみ
てもいい。学習者への事前の説明が必要だが、筆者の実践では問題なく
話が作成できていた。

　グループごとに集まって座るようにし、用紙を順番に回
して書き込んでいくことができるようにする[8]。活動中、
書かれている内容の意味が分からない場合は、それを書い
たメンバーが近くにいるはずなのでその場で聞いて確認さ
せる。

　学習者が書いている間、教師はタイム・キーパーの役割
を果たすとともに各グループを回り活動をサポートする。
また様子を見て各段階での時間を調整する[9]。

　回し書きが全て終わったら、用紙を集め、作品をクラス
全体で確認し鑑賞する。4.3.1 の「クラス単位での活動」
と同じであるが、質問や感想をやりとりする時間を設け、
出てきた語彙や文法事項などについてフィードバックや解
説を加える。

　この活動も絵や書く順番、グループ構成を変えたりする
などして、複数回行うことができる。

表4　作品例2（学習者が書いたままのもの）[10]

「起」（1人目）：この男の人は**漫画家**です。趣味は**絵をかくこと**です。
「承」（2人目）：ある日、**天気がよかったから、公園へ絵をかき**に行きました。
「転」（3人目）：ところが、**激しい雨が突然降り始めて、漫画の原稿が全部雨に濡れ**ました。
「結」（4人目）：**自分も雨に濡れて、風邪を引いて**しまいました。

5 ｜ 活動の振り返り

　創作された作品、学習者への聞き取り[11]、筆者の振り
返りなどから浮かび上がったことをまとめる。

76

第3部　実践編2　初級・中級

5.1 学習者が捉えるリレー作文

　学習者の感想としては「緊張したがおもしろかった」というのが概ねであり「どんな展開になるのか分からないのがおもしろい」「おもしろいのは、友達からの（自分の）想像以外の展開をもらうところ」「友達のcreativityを見ることができた」「自分が始めたストーリーだけど、意外な結局（結末）があった」「友達の想像力はすごい」といったコメントから、リレー作文ならではのスリル感を感じ、クラスメイトとの協働を楽しんでいたことがうかがえた。また、一文ではなく、もう少し長く書きたい／書いてもいいという意見も多く聞かれ、今後の課題につながる示唆を提供してくれた。

5.2 作品の構成と創造性

　創作された作品は、指定の構成や型に沿ったものであり、整合性や一貫性のレベルが高いものになっていた。学習者から起承転結を使った創作について「起」「承」を書くのは難しくなかったが、「転」「結」を書く時は頭をよく使ったという声が多く聞かれた。また作品自体は非常に短いものであったが、ファンタジーやホラー、ユーモア的要素があるものもあった。「結」の部分を書く際について「おもしろいものを作りたいと思った」「笑える最後を頑張って付けたいと思った」といったコメントもあり、型の枠内で創造性を発揮していたことがうかがえた。

　それに関連して絵の選び方について1つ指摘したい。「山高帽をかぶったスーツ姿の男性」の絵を使用した際、「手品師」のイメージが強かったようで似たような作品ばかりが作られたことがあった。これは選ぶ絵によって話を一定の方向に誘導できるということを示しているとも言えるが、大谷（2018）が「初歩の段階では、自由に想像を膨らませやすい素材を選ぶほうが望ましいのではないだろう

か」と指摘しているように、自由な発想に基づいた多様な作品作りを意図するのであれば特徴が強い絵ではなく様々な想像が湧きやすいものを選んだ方が多彩な個性が表現されやすいことを示唆している。

5.3　日本語表現面でのフィードバック

　フィードバックは語彙に関するものがほとんどであった。学習者からもクラスメイトから新しい言葉を学んだという声が多く聞かれた。第2節でも言及したが、以前構成について指定せずに自由発展形式で行った際、語彙の振れ幅が大きく、中には突飛なものも見られたのだが、今回、話の構成軸を指定した結果、様々な言葉が使用されているものの、前に書かれた内容に無理なく連なるものであった。文型については自由発展形式で行った時と同様、既習のものが使用されており、クラスメイトが読んで分かるものであった。

6 ｜ おわりに——今後に向けて

　今後の発展に向けて、本活動で得た気づきや課題、重要だと思われる点についてまとめる。

6.1　タスク／コースのデザイン

　1.2で述べたように実践において重視していたのは段階を踏んでこの活動に慣れて行けるようにした点である。初めての学習者が多いと考えられる場合、4.2で紹介したように活動について説明し、興味や意欲を持ってもらうことも重要だと思われる。これまでの経験上、時間の都合からウォーミングアップや説明などをあまり丁寧に行わないと、その後の学習者の積極性などに影響が出ていたように感じられた。タスクの配置も易から難へと始めは無理なく分かりやすく取り組めるものから順に行えると理想的である。

創造性を育む活動のための環境として関（2017）は「受容的コミュニティ」を挙げているが、筆者のコースの場合、リレー作文をする前に学習者は自作の会話、俳句、詩などを作って発表したりコメントをし合ったりするなどの活動があり、お互いの信頼や共感を分かち合うラポールがある程度できていたと考えられ、リレー作文という協働創作に取り組みやすい土壌ができていたと考えられる。

　またこれは授業デザイン全般において言えることではあるが、個々のタスクや活動がコース全体に整合性を持って組み込まれていることが理想である。しかしながら、初級のコースでは文型学習を中心としたコースデザインになっていることが多く、また時間も限られており、創作活動を単体で行うのは難しい場合が多いのではないかと思われる。その点、4.3.1で紹介した活動は文型学習との親和性が高く、既存の初級コース内での学習・練習と連動する形で取り入れることができるのではないかと考えている。

6.2　教師による働きかけ

　4.2の学習者への説明にあるように、この活動は解答がある活動ではなく自由に想像力を膨らませて表現することが大切である。また日本語での表現が分からない場合、まずは英語で説明してもよく、お互いの表現したいことから学び合うことが大切だと事前に示していたが、活動の最中やフィードバックにおいてもこのメッセージを反映した声かけや働きかけを教師から積極的に行うことが重要だと感じた。特にグループでの活動においては次の書き手に理解される文を書き残す必要があるため、学習者は書く際に創造性と安全性を天秤にかけているところがあると思われる。中にはいつも同じような文ばかりを書いている学習者も見られた。今後こういった学習者の心理についても検討課題とし、多様な個性や創造性が発揮されやすく、また学

び合いが活性化するようなタスクの仕組みや教師による働きかけについても検討を進められたらと考えている。

6.3 臨機応変な対応力

この活動で取り上げられる日本語は学習者からその都度出てくるものであり、教科書のように既にあるものではない。教師はフィードバックや解説の際、臨機応変にそれらを彼らの既存の知識と結び付けて説明するスキルが求められる。意外なものが飛び出てくる可能性もあり、教師にとってもスリリングで瞬発的対応力が鍛えられる活動であるとも言えるだろう。

6.4 構成の型が持つ力

リレー作文は、複数の書き手が参加することによって多様な個性が発揮され、時にはぶつかり合うこともありうるが、作品としては話の結末という収束点が必要である。起承転結の型は、「起・承・転」においてはアイデアが拡大・発展していく方向に導かれるが、最後の「結」においては話を収束・集約する力が働く。今回の試みにおいて、多様ではあるが、話としてまとまりのあるものが比較的容易に作り出されたのは、このような構成の型の力によるところが大きかったと思われる。

チチゲ・弓野（2010）は創造的思考には発散的思考と収束的思考の両方が必要だとしているが、今回の起承転結の型には両方が構造的に備わっていたと考えられる。これを糸口として、創造的思考力の涵養を視野に入れたタスクなども今後探求できるのではないかと考えている。

さらに構成や話の型は、創作作品特有の人称や視点が絡む問題を減らし、違う書き手であっても話を書き連ねやすくすることに一定の効果をもたらしていることも指摘できそうである。

6.5 今後の応用や展望

リレー作文は、書く目的／内容／ジャンル／分量、題材、設定、構成、参加人数、回し書きのしかたなどによって様々な形での活動が考えられる。授業中に書くやり方もあれば宿題で書くやり方もあり、またグループで話の冒頭や結末、ジャンルや主人公の人物設定を話し合って一緒に決めたりするやり方もあるだろう。話の構成という観点から言えば、起承転結ではなく三幕構成などの他の物語スキーマを活用したり、物語の人称・視点の取り方を逆に利用したタスクもできるだろう。様々なレベルの学習者やコースの実情に合わせたタスクの開発や応用が可能であると思われる。

リレー作文は、日本語の学習としてだけではなく、クラスメイトの多様な個性に出合い、互いの想像・創造力を生かし、学び合う場を作り出すという意味においても魅力あるものである。現場に合った形で無理なく取り入れて頂けたら、幸いである。

注

[1] 中国語や英語の授業などで似たようなことをしたことがある学習者も少しいたが、多くがリレー作文は初めてであった。
[2] 山本（2014）に詳しく紹介されている。
[3] 筆者はこの科目で十年近くにわたって断続的にリレー作文を行ってきているが、本章の記述は直近数年の実践を基にしている。
[4] 徳弘・飯嶋・山田・河住・吉田（2010）などがある。
[5] 未習語彙にはルビを振って提示している。
[6] このように提示しているが「おもしろさ」の定義は検討課題である。
[7] この活動自体は平常点として参加度のみが評価の対象となっている。期末の口頭テストではタスクの1つが教師と行うリレー作文になっており、そこでのパフォーマンスは評価対象となっている。
[8] オンライン授業の場合は、学習プラットフォームを使うといい。
[9] 当初の予定より短くすることが多かった。
[10] 学習者からの掲載許可をもらっているものである。
[11] コース終了後に行った5〜10分の半構造化形式インタビュー。

第4章　【香港・初級】時系列と起承転結構成を使った創作活動

参考文献　大谷伊都子（2018）「「書くこと」の指導——コマ漫画を使った創作の試み」『梅花女子大学文化表現学部紀要』14, pp.15–22.

岡田彩・野口潔・大須賀茂・田辺和子（2018）「初級コースにおけるストーリーマップを導入したライティング活動——リレー式ライティングの準備活動として」『2018 SEATJ Conference Proceedings』pp.262–277.　South Eastern Association of Teachers of Japanese

嶋津百代（2013）「日本語学習者の協働作成によるストーリー・ライティング——書き手と読み手の相互行為的な活動の考察」佐藤彰・秦かおり（編）『ナラティブ研究の最前線——人は語ることで何をなすのか』ひつじ書房

関麻由美（2017）「漢字学習と創造性」『JSL漢字学習研究会誌』9, pp.93–100.　JSL漢字学習研究会

高橋誠（2007）『ブレインライティング』東洋経済新報社

田辺和子・野口潔・大須賀茂・岡田彩（2017）「リレー式ストーリー・ライティング」『The 23rd Princeton Japanese Pedagogy Forum Proceedings』pp.59–73.

チチゲ，ウラン・弓野憲一（2010）「世界の創造性教育を概観する——創造性を育成する授業についての一考察」『静岡大学教育学部研究報告. 教科教育学篇』41, pp.47–76.

徳弘康代・飯嶋美知子・山田京子・河住有希子・吉田雅子（2010）『語彙マップで覚える漢字と語彙　中級1500』Jリサーチ出版

野口潔（2016）「日本語学習者によるリレー方式ストーリー・ライティング——フィードバックから探る教育的効果」『2016 SEATJ Conference Proceedings』pp.90–117.　South Eastern Association of Teachers of Japanese

野口潔・田辺和子・大須賀茂・岡田彩（2019）「上級日本語クラスでのクリティカルシンキングを採り入れたリレー式創作文活動」『Lingua』29, pp.135–143.

水戸淳子（2013）「初級後半における物語創作活動」『第9回OPI国際シンポジウム予稿集』pp.66–67.　日本語プロフィシェンシー研究会

水戸淳子（2016）「日本語学習者による俳句・川柳の創作活動」『CAJLE 2016 Proceedings』pp.198–201.

水戸淳子（2017）「中級前の学習者へのcreative writing導入の試み」『CAJLE 2017 Proceedings』pp.146–155.

水戸淳子（2018）「谷川俊太郎「生きる」を使った初級学習者による創作活動の試み」『ICJLE 2018 Book of Abstracts』p.335.

水戸淳子（2019）「中級前コースへのリレー式物語創作活動の導入」『CAJLE 2019 Proceedings』pp.171–175.

山本茂喜（2014）『魔法の「ストーリーマップ」で国語の授業づくり』東洋館出版社

第5章

【アメリカ・ゼロ初級】
修正活動と使用された語彙・文型・文法そして文章の結束性・一貫性
オンラインライブ授業での活動

岡田 彩・野口 潔

1 はじめに

　　本章では日本語のゼロ初級（初心者用）コース、オンラインライブ授業で試みたリレー作文についての報告を行う。活動の準備・手順を説明した後、修正活動と出来上がった作品の語彙・文型・文法・結束性・一貫性を分析する。学習者は、想定以上に多くの語彙や文型を使い、一貫性のある物語を作成していた。この分析結果をもとに学習効果を考察し、協働学習としてのリレー作文が語彙や文法の習得、段落構成力の育成に寄与する可能性について検討する。最後に、今後の課題、展望等を述べる。

2 先行研究

　　Kim（2008）やShehadeh（2011）は、個人作文よりも相互行為を伴う協働作文によって、語彙の習得が促進されたことを報告している。また、リレー作文に関しては、嶋津（2013）が文の結束性などの分析をもとに教育的効果を、さらに野口（2016）が想像力・創造力・協調性の発揮に寄与していることを示唆している。これらを踏まえ、岡田他（2018）はゼロ初級日本語コース、対面授業でのリレー作文実践を試み、ゼロ初級学習者でもリレー作文の実践

83

は可能であり、リレー作文が他者への配慮や内省を促すツールになりうることを示唆した一方、以下のような反省点を挙げている。

 a. リレー作文実践前の準備活動が不十分であった。
 b. リレー中の読むための時間配分が不十分であった。
 c. 初級学習者の場合、リレーで回す回数を4回にしたのは認知的負荷がかかりすぎた。
 d. 1日の活動では作成後に十分な話し合いの時間が設けられなかった。
 e. 出来上がった作品すべてについて話し合うのは時間がかかりすぎた。 （岡田他2018: 265）

 以上の岡田他（2018）の反省点をもとに、今回、オンラインライブ授業においてリレー作文を試みた。出来上がった作品については、Kim（2008）やShehadeh（2011）が取り上げた語彙だけでなく文型・文法の分析を試みた。また、文法や語彙の結束性と内容の一貫性は段落構成力に関わるもので、嶋田（2015）が初級レベルからの育成の必要性を謳っていることから、今回の分析に加えた。

3 ｜ コースの概要

 実践を行ったのは2020年秋学期の日本語ゼロ初級学習者向けコースで、新型コロナウィルス（COVID-19）のため授業はすべてオンラインライブ授業であった。このコースの教科書は『Nakama 1』（Hatasa et al. 2014）で、1学期16週（1コマ50分x週5コマ）をかけて、第1課から第6課までを行う。

 学習者はアメリカ在住の大学生20名で、中国母語話者1名以外は全員英語母語話者であった。事前の調査で数名

に日本語の学習経験があったが、いずれも「ひらがなを独学で学んだ」「簡単な表現をいくつか知っている」という程度だった。

　本コースでは、4技能をバランスよく身につけるとともに、それぞれの技能において「基本的な個人に関わる情報や限られた活動について、ある程度のまとまりのある文章を理解・産出することができる」ことを目指している。リレー作文とその準備として行った個人の創作活動は、文の羅列ではなく文脈を意識した文章の作成が求められるため、本コースの目標達成にそくした活動と言える。

4 ｜ オンライン・リレー作文の準備活動

　先行研究に挙げた岡田他（2018）の反省点「a. リレー作文実践前の準備活動が不十分であった」をもとに、リレー作文を行う前に準備活動として100字程度の段落文を個々の学習者に書かせ、ある程度段落文を書くことに慣れたのを見計らって、リレー作文を実施した。準備活動の流れは表1の①から④の通りである。

表1　活動の流れ

#	実施週	作文の形態・トピック	教科書の関連項目	活動時間
①	第9週1日目	個人作文1・友達の家	形容詞・存在・所在文	説明5分作文20分
②	第9週2日目	上①で書いた作文の書き直し		20分
③	第12週1日目	個人作文2・ミステリアスな場所	5課までの総まとめ	説明5分作文20分
④	第12週2日目	上③で書いた作文の書き直し		20分

　9週目の個人作文（表1①）は、教科書新出の形容詞語彙と文法項目（存在・所在文）を使って書けるように、行ったことのある「友達の家」の描写をトピックにした。12週目

（表1③）は、教科書の5課までに学習した項目が総動員できるように、9週目よりも抽象度の高い「ミステリアスな場所」をトピックに選び、学習者には突然入った「ミステリアスな場所」はどんなところか想像して書くよう指示した。活動には50分授業の最後の25分（説明5分／作文20分）を充てた。この活動前に教師が準備したものは、下スクリーンショット1のGoogleスライド2枚である。1枚目（スクリーンショット1左上の1）は作文のトピックと活動内容を英語で説明したもので学習者はいつでも参照できる状態にした。2枚目（スクリーンショット左上の2：右側の大きいものと同一）は学習者が各自コピーし、自分の文章をタイピングして書き進めるためのもので、左上に氏名を記入する欄を設けた。なお、Googleスライドの学習者との共有方法については、3章2.5「オンラインのファイルを共有して行う場合」を参照されたい。20分間の作文は、教師が学習者からの質問等に応答しやすいようZoom（Zoom Video Communications

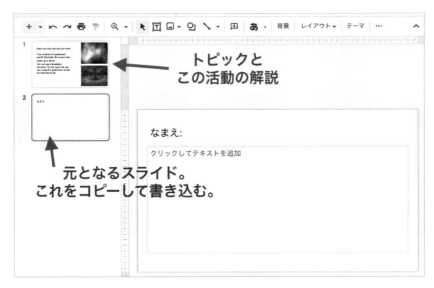

スクリーンショット1　個人作文で使用したGoogleスライド

2022)のメインルームで、ビデオはオンの状態で行った。

　教師は学習者の書いた文章の語彙や文法のミスについて、スクリーンショット2のような暗示的フィードバックを書き残した。フィードバックはあまり多すぎないように意味のわかりにくいところを優先的に指摘し、語彙・文法のミスについては、これだけは注意してほしいというものを数か所指摘する程度に留めた。ちなみに、下スクリーンショット2で教師は3文目の「います」をハイライトし「check」というコメントを、また4文目の助詞「は」については「What particle do you use when information about a subject is important or situationally new to the reader? Check きょうかしょ pp.194–195」を残すことで直す必要があることを指摘している。

　個人作文を行った次の授業時間（表1の②と④）に、教師のフィードバックを記したファイルを学習者と共有し、書き直し作業の時間を設けた。書き直し作業には50分授業のうちの最後の20分程度を使用した。学習者にはフィードバックのある箇所について「なぜ間違っているのか、どのように修正すればよいのか」を考えてもらい、修正したものを再提出してもらった。

スクリーンショット2　Google スライドのコメント機能を用いた暗示的フィードバックの例

5 | オンライン・リレー作文の実践

5.1　事前準備

　前節で紹介した準備活動後、14週目にリレー作文を行ったが、その際も事前に、スクリーンショット3のGoogleスライドを準備した。1枚目（スクリーンショット3左最上部の白いスライド）が活動内容の英語による説明で、2枚目以降が、各グループのメンバーが文章を書き込むためのスライドである。書き込むためのスライドの左上には、各グループ名（Group1, 2……）と担当する学習者の順序をアルファベット（例：A→B→C）で示した。また、グループごとにスライドの背景色を変え、わかりやすくした。スクリーンショット3左の2枚目から4枚目がGroup1の書き込むスライドである。やや色が異なる5枚目からがGroup2の書き込むスライドになる。

　上記スライドの他に、学習者20名を3名のグループ6つと2名のグループ1つに分け、各学習者（仮名）にアルファベットを割り当てた表を作成した（表2）。今回は当日

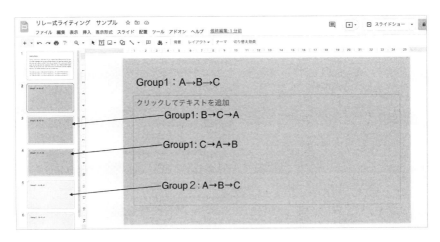

スクリーンショット3　リレー作文用に準備したGoogleスライド

表2　グループ名（1，2……）と学習者（仮名）の分担（A,B,C）を示した表

A	B	C	D	E
	Group1	Group2	Group3	Group4
A	Jenny	Mike	Matt	Carl
B	Tom	Christian	Bell	Amy
C	Anna	Sam	Kate	Nate

　2名欠席し調整は必要となったが、この表を作成しておいたため、あわてることなく調整ができた。やはり、今回のように人数が比較的多い場合は、このような分担表の準備は欠かせないであろう。

5.2　実践

　2節に掲げた岡田他（2018）の先行研究における反省点「d. 1日の活動では作成後に十分な話し合いの時間が設けられなかった」から、リレー作文は14週目に2日をかけて行った（表3）。まず、14週1日目のリレー作文には50分授業のうちの35分を、2日目の書き直しには20分を割り当てた。1日目の活動に関しては、岡田他（2018）の反省点「b. リレー中の読むための時間配分が不十分であった」と「c. 初級学習者の場合、リレーで回す回数を4回にしたのは認知的負荷がかかりすぎた」を参考に、表3の「活動内容」に示したように、リレーで回す回数を3回に減らし（活動が3人目で終了）、「活動時間」に示したように、読解の時間を設けた。

　作文のテーマは自由としたが、個人作文（4節）で書いた内容などを参考に書くよう指示した。

表3　リレー作文の内容と時間配分

実施週	#	活動内容	活動時間
第14週 1日目	①	手順説明とスライドの準備	5分
	②	1人目の作文	5分
	③	2人目の読解と作文	読解3分／作文5分
	④	3人目の読解と作文	読解7分／作文5分
	⑤	全員で作品を読む	5分
第14週 2日目	⑥	1日目に書いた作文の修正	20分

　　　　14週1日目の①の手順説明は学習者全員がZoomのメインルームにいる状態で行った。教師はスクリーンショット3（前掲）の1枚目スライド（拡大したものが下枠内の説明文）と上表3の英語版を見せながら作業の進め方、時間配分、制限時間の合図方法と今後の活動内容を説明した。

説明文　リレー作文前の説明内容＝スクリーンショット3左最上部のスライド

> This is an activity in which three of you complete three different stories by relay. It's a little confusing, but everyone will start writing at the same time, and will write the story up to about one-third. Then, the next person in the order shown below reads the story and write the continuation of the story up to about one-third again. Finally, the last person in the order shown below reads the story and will complete the story. The teacher will signal each time you take turns.
> ● A: write in 5 (min.) → B: read in 3 & write in 5 → C: read in 7 & write in 5
> ● B: write in 5 (min.) → C: read in 3 & write in 5 → A: read in 7 & write in 5
> ● C: write in 5 (min.) → A: read in 3 & write in 5 → B: read in 7 & write in 5

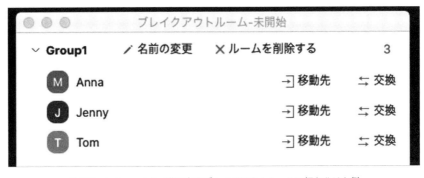

スクリーンショット4　学習者をブレイクアウトルームに振り分けた例

その後、教師はGoogleスライド（スクリーンショット3）のURLリンクをZoomのチャットボックスに送り、学習者はGoogleスライドを共有し自身が割り当てられたグループ番号とアルファベット（A, B, C）を確認した。そして、教師は5.1の表2のリストをもとに学習者をブレイクアウトルームに振り分けた（例：スクリーンショット4）。

　そして、ブレイクアウトルームで学習者は、表3の手順②～④のリレー作文を行った。教師は、スクリーンショット5のようにZoomのブロードキャスト機能を使って順次指示を出した。

　リレー作文が終わったところで、学習者は出来上がった3つの作品を読み（表3の手順⑤）、この日の活動は終了とした。授業後に教師は4節スクリーンショット2と同じ要領で暗示的フィードバックを書き込んだ。

　2日目の書き直し活動（表3の⑥）では、1日目と同じメンバーのブレイクアウトルームで、学習者は教師が書き込んだコメントを読み、グループで話し合いながら20分をかけて全作品の修正活動を行った。岡田他（2018）では「e. 出来上がった作品すべてについて話し合うのは時間がかかりすぎた」との反省点が挙げられており、グループ内

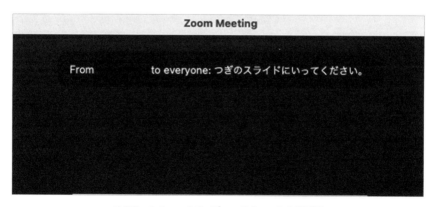

スクリーンショット5　ブロードキャストの指示例

で1つの作品を選んで修正をする方法も対処法として当初は考えた。しかし、今回の作品はいずれも岡田他（2018）の作品と比べると文章の長さが相当に短く、修正が可能であろうと判断し、全作品を修正する活動を行った。なお、今回の文章の長さが相当に短かったのは、学習者が日本語のタイプ打ちに慣れていなかったこと、活動内容を理解するのに時間を要したことが挙げられる。

6 ｜ 結果——修正活動、語彙・文型・文法、結束性・一貫性

　本節では、修正活動と完成作品についての分析結果を報告する。修正活動については、教師が指摘したミスの種類と指摘数、正しく直された数を報告し、参考程度ではあるが修正活動での話し合いの内容を紹介する。完成作品については、語彙と文型・文法の使用状況をまとめ、作品例を使って語彙の結束性と内容の一貫性について分析する。考察は次節7で行う。

6.1　修正活動

　活動1日目に出来上がった作品は、前節で説明したように教師が目を通しフィードバックを行い、2日目に学習者がグループで修正を試みた。表4は、フィードバックの際、教師がミスを指摘した箇所の種類と指摘数、そして、学習者による修正活動で正しく直された数をまとめたものである。表4の最下方「延べ数」に示したように、教師が指摘したミスの総数は39であったが、そのうち修正活動で正しく直せたのは17、約44％であった。すべて正しく直せているグループがあった一方、全く修正が試みられていないグループもあった。今回の修正割合を見るかぎり、助詞に関する修正がそれ以外の修正に比べると低い。具体的には、表4下方「助詞選択」の「教師の指摘数」8に対し「修

正数」2（25%）、「助詞記述」の「教師の指摘数」6に対し
「修正数」1（17%）と、それ以外の修正割合に比べ低い。

表4　教師が指摘したミスの種類・指摘数と学習者による修正数

ミスの種類	例	教師の指摘数	修正数（割合％：四捨五入）
名詞記述	ジュ<u>ウ</u>ス	3	2（67）
動詞選択	<u>いぬがあります</u>	2	2（100）
動詞語尾	うんどう<u>しまて</u>	8	3（38）
形容詞語尾	あか<u>いと大きい</u>です	8	5（63）
形容詞記述	あか<u>ろい</u>	4	2（50）
助詞選択	しゅくだい<u>をたいへん</u>	8	2（25）
助詞記述	さんぽ<u>おして</u>	6	1（17）
延べ数		39	17（44）

　　作品を修正する際の学習者の発話からは、「確認・説
明・理解・提案・内省」に該当する内容が確認できた。下
に例を示す。なお、これらは、教師が各グループのブレイ
クアウトルームに入った際に聞き取ったもので、すべての
やりとりを正確に記録した結果ではない。より正確な初級
学習者の発話・相互行為の分析は、6章を参照されたい。

（1）確認：I wasn't sure about this part（ここ、よくわ
　　からない）.
（2）説明：I was trying to say ___ here（ここは、___こ
　　う言いたくて）.
（3）理解：Oh, I see what you mean（ああ、言いたいこ
　　とわかった）.
（4）提案：If you want to say this, you could say ___
　　（そう言いたいなら、___こう言えると思う）.
（5）内省：I always do わ when I try to type は. I need to
　　be careful（「は」を（キーボードで）打とうと思って、い
　　つも「わ」って打っちゃう。気をつけなくちゃ）.

6.2 語彙、文型・文法の使用状況

　完成した18の作品で使用された語彙はKH coder（樋口2014）を用いて品詞別に分け、使用回数を割り出した。表5がそれをまとめたものである。各品詞下【 】内の数字は異なり語数、各語彙横の（ ）内の数字は使用回数、（ ）内の数字がないものは1回の使用を意味している。また、イタリック体の数字は教科書のどの課で導入されたかを示している。

　表5を見ると、使用頻度の高い語彙として、名詞は「犬」17回、「友だち」16回、「うち」と「猫」8回、「ごはん」7回、動詞は「行く」13回、「食べる」11回、「ある」6回、「いる」5回、形容詞は「大きい」5回、「うれしい」4回、副詞は「とても」4回などが挙げられ、使用語彙にはある程度の偏りがあることがわかる。その一方で、使用が1回でもあった語彙の数は、名詞が49、動詞が27、形容詞が17、副詞が11で合計100を超える。ちなみに教科書の6課までに導入された名詞・動詞・形容詞・副詞の総数は約315で、その約3分の1の語彙が使用されていることにもなる。なお、使用された語彙には、授業では導入されていない（教科書の1〜6課以外の）語彙もある。「バナナ、お兄さん、お姉さん、魚、葉、びっくりする、おいしい」がそれにあたるが、これらは学習者が日本のアニメから学んだ語彙だと考えられる。

　文型・文法に関しては、まず教科書で導入された主なものを単文・複文、名詞修飾、副詞、助詞などに分類し、それぞれの使用頻度を表にまとめた。表6は、教科書で扱った文型（1〜4）が作品で何度使用されたかを示している。作品では合計80の文が作られたが、そのうちの60は表6の1〜3にあたる単文で、特に動詞文が44と多い。また、6課で導入されたばかりの複文の使用も20と決して少なくはない。

表5　品詞別使用語彙一覧

名詞 【49】	犬（17）5、友だち（16:個人名含む）6、うち（8）3、猫（8）5、ごはん（7）3、本（3）3、カフェ（3）4、コーヒー（3）3、プール（3）6、図書館（3）3、大学（3）2、朝（3）3、晩（3）3、木（3）5、買い物（2）6、コンサート（2）6、スーパー（2）4、テニス（2）6、映画（2）3、先生（2）1、日本語（2）2、名前（2）2、アルバイト（2）6、午前（2）2、前（2）5、ガム（=ゲーム6）、洗濯6、勉強3、コンビニ4、ジュース2、ジョギング6、バナナ7、ルーム5、英語2、音楽6、会館5、本屋4、お兄さん10、お姉さん10、宿題3、質問6、中国2、一時2、午後2、昼3、魚7、車5、水7*、葉 ＊「水」は「水曜」の訓読みとして授業で導入済
動詞 【27】	行く（13）3、食べる（11）3、ある（6）3、いる（5）4、飲む（4）3、帰る（4）3、出かける（4）6、会う（3）6、散歩（を）する（3）6、泳ぐ（2）6、起きる（2）3、見る（2）3、読む（2）3、遊ぶ（2）6、宿題をする（2）3、洗濯をする（2）6、勉強する（2）3、買い物をする6、びっくりする、運動する6、仕事をする6、電話する5、料理をする6、呼ぶ6、待つ6、聞く6、歩く6
ナ形容詞 【3】	にぎやか（2）6、元気6、大変6
イ形容詞 【14】	大きい（5）4、うれしい（4）6、悲しい（3）6、楽しい（2）6、白い（2）4、いい（2）4、さびしい6、暗い5、黄色い4、黒い4、小さい4、赤い4、明るい5、おいしい7
副詞 【11】	とても（4）4、たいへん（2）6、あした（2）3、今（2）2、今日（2）3、あとで（2）、一緒に6、毎日3、たくさん5、あまり3、ぜんぜん3

表6　教科書で扱った文型が完成作品で使用された回数（総数は80文）

	1課から6課で扱う主な文型	例	使用回数
1	単文：名詞文	ともだちです	4
2	単文：形容詞文	おもしろいです	12
3	単文：動詞文	食べます	44
4	複文：動詞・形容詞テ形＋動詞・形容詞	行って、食べます	20

　　表7は、教科書で導入された主な文法（形容詞・動詞の語尾変化は省く）が作品で何度使用されたかを示している。これを見ると、「日本語の本」（表7の3）や「おいしいバナナ」（表7の5）といった名詞修飾、目的語につく助詞「を」（表7の12）、トピック・主語につく助詞「は」「が」（表7の19）、そして、接続表現「そして」「でも」（表7の20）などの使用が比較的多い。一方で、使用回数が少ないものを含めると、教科書の1〜6課で導入した主な文法は、すべて使用されていることがわかる。

表7 教科書で扱った主な文法がリレー作文で使用された回数

	1課から6課で扱う主な文法	例	使用回数
1	Wh疑問文	だれですか	1
2	勧誘表現	いきませんか	1
3	名詞＋の＋名詞	日本語の本	16
4	名詞＋と＋名詞	ノートとペン	4
5	形容詞＋名詞	おいしいバナナ	8
6	形容詞テ形＋形容詞＋名詞	おおきくて、うれしくて犬	1
7	形容詞テ形＋形容詞	元気で、おもしろい	2
8	頻度の副詞	あまり、ぜんぜん	2
9	場所を示す名詞	まえ、なか	6
10	距離（から、まで）	うちからコンビニまで	2
11	名詞＋も	おねえさんも	1
12	目的＋を	本を（読む）	30
13	場所＋に	まえに（ある）	2
14	目的地・相手＋に	東京に（行く）	15
15	時間＋に	9時に	2
16	動詞＋に	食べに（行く）	4
17	場所＋で	公園で（遊ぶ）	5
18	道具＋で（手段）	くるまで（行く）	1
19	名詞＋は・が	私は・が	33
20	接続表現（そして、でも）	行きます。そして、	9

6.3 結束性・一貫性について

　ここでは、完成作品を2例取り上げ、文の結束性、内容の一貫性について分析する。結束性（cohesion）は文章内の異なる要素間の文法的あるいは語彙的つながり、一貫性（coherence）は文章における意味内容のつながりとする（Richards et al. 1992: 61–62）。

　以下、例1と2の結束性と一貫性を分析する。分析対象となる名詞は四角で囲った。なお、例2のグループは教師のブロードキャスト（スクリーンショット5）に気づかず、リレーは2名で終わっている。ちなみに、6グループ中4グループが同様の理由で2名のリレーで終了しているが、

この点については、後節8でとりあげたい。

　例1の場合、1人目の書き手（A）が使用した「べんきょう」に関連した名詞「しゅくだ（い）」を2人目（B）と3人目（C）が使うことで結束性を維持している。また、（A）は主人公を1人称の「私」に設定していると考えられるが、日本語らしく省略して書き出し、（B）はそれを理解し、同様に省略、（C）は「わたし」を使用し、矛盾することなく最後まで結束性が維持されている。さらに、この例の場合、1人目（A）は「プール」と「大学かいかん」での行動を記述した後に「べんきょう」したことを記し、2人目（B）は「としょかん」「先生」「しつもん」、（C）は「しゅくだい」という、すべてが「大学」にまつわる意味内容で成り立ち、それが文章全体の一貫性を保っている。

例1

Group 6（2日目修正後の作品）
（A）プールでおよぎました。あとで、大学かいかんでひるごはんたべて、べんきょうしました。（B）しゅくだは　たいへんでした。としょかんに、先生に、しつもんに、しに、行きました。（C）そじてわたしのしゅくだいをしてじゃいませんでした。

　例2では1人目（A）の使った主人公の「ねこ」を2人目（B）も使用することで結束性を維持し、「ねこ」の行動を一貫して描写している。

例2

Group 2（2日目修正後の作品）
（A）ちいさいて　くろい　ねこが　ジョギングを　しました。ねこはうれしかったです。くらくて　かなし　うちに　かえりました。（B）いま、ねこはうれしいです。りょうりをします。いぬとねこあってたべます。

　上の2例に関する他の特徴等は次節の考察で扱う。

7 | 考察——学習効果について

　前節の結果に解釈を加えた上で、学習効果について検討したい。

　まず、前節6.1「修正活動」で述べたように、修正の程度はグループ間で異なっていた。日本語能力が比較的高い学習者がいる場合、修正はかなり的確に行われていたが、そうでないグループの場合、1日目の最後の5分間だけでは作品の内容を理解することができず、2日目の修正に充てた時間も内容を理解するので精一杯のようであった。修正に充てる時間は20分であったが、ゼロ初級学習者にはこれだけの時間で内容を理解し、さらにミスについて考える余裕はなかったと考えられる。また、助詞に関する修正が比較的少ないが、これは、名詞や動詞などの内容語に比べると、意味的重要性の低い機能語に容易に注意が向かわなかったのではないかと推察する（Foster 1998等）。

　修正活動では協働による学習効果が見逃せない。今回の修正活動で正しく直されたのは半分程度ではあるが、1人で行うよりも多くのミスが正されたものと思う。修正活動の際の相互行為による内容理解も協働学習の効果と言える。前節で見たように、修正活動では、学習者の「確認」に対し、「説明」が行われ、「理解」に結び付くケースが見られた。活動後、学習者からは「グループでの話し合いを通して、自身の持っている知識で不確かな部分を確認することができ、また忘れていた語彙を思い出すきっかけになってよかった」といった声が聞かれ、学習者同士の相互行為による、作品の理解と修正活動が語彙や文法の定着に少なからず寄与していることがうかがえる。

　次に、前節6.2「語彙、文型・文法の使用状況」に示したように、今回使用された語彙、文型・文法については、ある程度の偏りが見られた。使用頻度の多い語彙は、既習

語の中でも「うち」「友だち」「うれしい」など、特に学習者の日常生活と密接に関連する場所・人物・感情等が好んで使われているためではないかと推察する。「犬」と「猫」の使用頻度が多い点については、おそらく創作文を前提としていたため、架空のキャラクターとして既習の動物が多くの学習者によって選択されたと考える。

　文型・文法に関しては、動詞文とそれに伴う目的を示す助詞「を」の使用が多かったが、これは、ストーリー性のある文章を書くために動作・行動の表現が多くなったためだと考える。ゼロ初級学習者ということで、単文の使用が多いのはやむをえないが、その一方で、6課で導入されたばかりの形容詞と動詞のテ形が比較的多く使用されている。さらには、例1にも見られる「あとで」「そして」、他には「でも」といった接続表現を使うことで（表7の20）、単文をできるかぎりつないでいこうとする様子がうかがえる。

　語彙、文型・文法に偏りが見られた一方で、異なり語の総数は比較的多かった。文型・文法に至っては教科書で扱ったものがほぼ網羅された。このことからは、これまで教科書で学んだ語彙、文型・文法をできるかぎり多く使用しようとする学習者の努力を測り知ることができる。

　では、このような既習語彙、文型・文法の使用による学習効果はどのようなものが考えられるだろうか。リレー作文での既習語彙、文型・文法の使用は、通常の授業で行われるドリルやロールプレイ練習での、教師によって用意された、型にはまった使用とは異なる。自分が発想した内容を表現するために自らが選んだ語彙、文型・文法の使用である。このような自ら選択しての使用は、今後学習者が自在に語彙、文型・文法を操るようにしていくための一助になりうるに違いない。さらに、異なり使用数の多さは語彙、文型・文法とも見逃せない。Donato（1988）が主張しているように、個人が使用する語彙や文型・文法は限ら

れるが、他者が使用した多数の語彙、文型・文法を活動中に目にし、内容を理解し、その続きを書くことによって個々の学習者の語彙・文法力がより一層高まることが期待できる。

　最後に、前節6.3「結束性・一貫性について」では、例1と2で見たように、名詞あるいはゼロ代名詞（省略された「私」）が文の結束性を維持し、意味的に関連した名詞群が内容の一貫性に貢献している。

　確かに、内容を理解するのが難しい箇所はあるが、なんとかストーリーになりえている。これは、先行して書かれた文の内容を後続の学習者が理解し、先行する内容に反しないよう配慮しながら文を書きつないだ結果に他ならない。このような、学習者自らが文の結束性、内容の一貫性を重んじるようになる活動は、段落構成力を養う練習として最適と言えるのではないだろうか。段落構成力は、文法や語彙の結束性と内容の一貫性・具体性を有する複数の段落を構成する力を指し、中上級学習者に必要となる能力であるが、その育成には長期間を要すため、初級レベルからの育成が求められている（嶋田 2015）。しかし、通常の初級授業で主に行われる1、2文程度の会話練習や作文活動では段落構成力を身につけることは期待できない。初級レベルからの段落構成力を視野に入れるのであれば、リレー作文のような複数の文章をつなぐ活動は、今後重要になってくると言えるだろう。

　段落構成力育成という点では、上で見た結束性と一貫性だけでなく、内容の具体性も重要である。今回の完成作品を見る限り、この点でもゼロ初級とは思えない多彩な表現を垣間見ることができた。表7の3、4、5、6からは多くの名詞が単独ではなく形容詞などで修飾され使われていることがわかる。他にも表7の9、10、13〜18に挙げた、様々な副次補語による時間や場所に関する情報の付加が内

容を具体化するのに貢献している。

　これは自省を込めての提案であるが、教師は学習者のミスにばかり囚われるのでなく、上記のような学習者の試みを賞賛し、ミスを恐れず自由な発想を促し、段落構成力を高める支援をすることが重要であろう。

8 ｜ 反省点・今後の課題

　Zoomのブレイクアウトルームで学習者が活動を行う場合、教師は各ルームに入り各グループの活動をモニタリングすることは可能だが、すべてのルームの活動を同時にモニタリングすることはできない。そのため、以下のトラブルが発生し、作品の長さも対面授業で作成したものよりも相対的に短くなった。

①スライドの移動方法がわからない学習者に気づくのが遅れた。
②6.3で言及したように、交代のブロードキャストを見逃すグループが多かった。

　今後は①のようなトラブルを防ぐため、一度スライドの移動方法をメインルームで全員に試験的にさせてみる必要があるだろう。また、②のような見逃しを避けるためには、書き手を交代する際、一旦全員をメインルームに戻すといった工夫が必要である。その他のトラブルの時はZoomのヘルプボタンを押して教師を呼ぶことができるということも事前に確認しておくことが重要であろう。
　時間配分も反省しなければいけない。前節7でも述べたように、修正の時間が不十分であった。今回の作品は比較的短かったため、すべての作品の修正を20分間で行うよう指示したが、グループによっては全く修正ができなかっ

た。修正活動は授業外にオンラインのチャットなどを活用して行うなどの工夫が必要だろう。また、コンピュータリテラシーの習熟度が比較的低い学習者は、ファイルを開き担当箇所のスライドを探して移動するのに相当の時間を要した。今後は、実際に書き始める前に活動の流れを一度試験的に行い、綿密に時間配分を考える必要がある。

9 おわりに

　本章ではリレー作文をオンラインライブ授業で行った際の活動内容を紹介し、修正活動・完成作品の分析結果に考察を加え、協働学習としてのリレー作文が日本語学習ゼロ初級学習者の語彙、文型・文法の習得、段落構成力育成に寄与しうることを示唆した。

　ゼロ初級学習者には、限られた時間内で自由な内容を創作することは容易ではない。ましてやそれを正確に表現するのはさらにハードルが高く、作品は一見すると意味の取れない羅列文のように感じられるものもあった。しかし、6節で紹介したように、創作という通常授業ではあまり行われていない活動において、授業で学んだ語彙や文法を不完全ながらも最大限活用しようとする様子が見られた。

　学習者が創作する過程においては他者の文、あるいは話し合いから多くを学び、様々な内省のきっかけを得ている。初級の段階でも相互行為を通して学び、自分を表現できる場となるリレー作文は、今後ますます積極的に取り入れていきたい活動の1つと言えよう。

　ATC21s (Assessment & Teaching of 21st century skills) は、多様に変化していく21世紀を柔軟に生き抜くためには、創造力、協調性、コミュニケーションスキル、問題解決能力、批判的思考などを培うための教育が欠かせないとしているが、今回の実践活動は、これら欠かせない教育のう

ち、少なくとも創造力、協調性、コミュニケーションスキルの育成には関与できたものと思う。今後、活動内容をより計画的に設計することで、初級学習者の問題解決能力、批判的思考の養成にも寄与できるのではないかと考える。

参考文献

岡田彩・野口潔・田辺和子・大須賀茂（2018）「Incorporating Story Maps into Relay Writing Activities in an introductory course」『2018米国南東部日本語教師会（SEATJ）Proceedings of the Annual Conference』pp.262–277.

嶋田和子（2015）「7 談話能力の育成をめざした教育実践―初級スタート時から談話教育を考える」鎌田修・嶋田和子・堤良一（編）『プロフィシェンシーを育てる3 談話とプロフィシェンシー―その真の姿の探求と教育実践をめざして』凡人社

嶋津百代（2013）「日本語学習者の協働作成によるストーリー・ライティング―書き手と読み手の相互行為的な活動の考察」佐藤彰・秦かおり（編）『ナラティブ研究の最前線―人は語ることで何をなすのか』ひつじ書房

野口潔（2016）「日本語学習者によるリレー方式ストーリー・ライティング―フィードバックから探る教育的効果」『2016 米国南東部日本語教師会（SEATJ）Proceedings of the Annual Conference』pp.90–117.

樋口耕一（2014）『社会調査のための計量テキスト分析―内容分析の継承と発展を目指して』ナカニシヤ出版

ATC21s (Assessment & Teaching of 21st century skills). Retrieved November 1, 2021, from http://www.atc21s.org/

Donato, R. (1988) *Beyond group: A psycholinguistic rationale for collective activity in second-language learning.* Unpublished doctoral dissertation, University of Delaware, Newark.

Foster, P. (1998) A classroom perspective on the negotiation of meaning. *Applied Linguistics, 19*(1), pp.1–23.

Hatasa, A. Y., Hatasa K., & Makino, S. (2014) *Nakama 1: Introductory Japanese: Communication, culture, context.* Third edition. Boston, MA: Cengage Learning.

Kim, Y. (2008) The contribution of collaborative and individual tasks to the acquisition of L2 vocabulary. *Modern Language Journal, 92*(1), pp.114–130.

Richards, J. C., Platt, J., & Platt, H. (1992) *Longman dictionary of language teaching and applied linguistics.* Essex, England: Longman Group UK Limited.

Shehadeh, A. (2011) Effects and student perceptions of collaborative writing in L2. *Journal of Second Language Writing, 20*(4), pp.286–305.

Zoom Video Communications, Inc. (2022). Retrieved March 1, 2022, from https://explore.zoom.us/ja/about/

第6章
【アメリカ・ゼロ初級】
短文完成タスク
完成までのプロセス・相互行為・熟達度

岡田 彩・野口 潔

1 はじめに

　本章では、3章3.1でも紹介している短文完成タスク（絵などを見て短い文を完成させる）活動を日本語ゼロ初級（初心者用）コースで行った際の活動内容について報告し、短文完成までのプロセスとそれに関連する学習者間の相互行為を熟達度の観点から考察する。今回の実践では日本語の熟達度にかかわらず学習者が協力し合い意欲的に短文を完成させる様子が観察された。加筆と修正の末に出来上がった短文はいずれも完成度が高く、協調的かつ積極的に行われた協働学習の成果が見られたと言えるだろう。

2 先行研究

　協働学習における話し合い（相互行為）は、協調的に進められる場合、学習効果も高いとされている（Li & Zhu 2013, 2017; Storch 2013他）。しかし、そうでない場合、例えば、攻撃的・否定的あるいは消極的・無責任な発話が学習者間の感情や関係性に悪影響を及ぼし、それが延いては学習効果を下げることもある（Storch 2013他）。協調性のない発話を引き起こす要因としては、文化的違い（Carson & Nelson 1994）、指導法や教室環境（DiNitto 2000）、性格

（Malmqvist 2005）、ビリーフや経験の違いからくる学習態度（Chen & Yu 2019）など様々な指摘がなされてきているが、本章では第2言語の熟達度に着目したい。

　熟達度に関しては、熟達度の高い学習者のほうが低い学習者より多くの意見や提案を行い、熟達度が低いことを自覚している学習者は、熟達度の高い学習者の意見や提案を無批判に受け入れる傾向があることが報告されている（Allen & Mills 2014）。その結果、意見や提案を多くする学習者が支配力を持つようになり、協働作業が形骸化してしまうこともある（Amores 1997; McCarthey & McMahon 1992）。また、新井（2020）は、ピア活動後のアンケート調査結果をもとに、熟達度の低い学習者がグループに貢献する楽しさについては否定的であったことを報告している。

　今回の実践には学習者が5名参加したが、そのうち1名の熟達度が他の学習者よりも低かったため、短文完成までのプロセスにおける相互行為を熟達度の観点から考察したい。

3 ｜ 学習者と活動環境

　本活動は、2021年学期末（5月）に米国州立大学の日本語ゼロ初級コース履修者から希望者を募り、紙面による同意を得た上で授業時間外に実施した。当コースは、『Nakama 1』（Hatasa et al. 2014）という日本語の教科書の第1課〜第6課までを、1学期15週をかけて行うコースである。新型コロナウィルス（COVID-19）のため、活動はすべてWeb会議サービスZoom（Zoom Video Communications 2021）で行い、教材作成にはGoogleスライドを用いた。いずれも学期を通して使用してきたもので、学習者はいずれの使用にも慣れている。また、日本語のキーボードによる入力にもある程度慣れている。

　希望者は5名（Amy, Ben, Cathy, Dan, Ellen：いずれも仮名）

で、いずれも過去に日本語学習歴はない。5名の熟達度
は、学期中の活動状況、宿題などの提出物、各課テスト、
中間テスト結果などをもとに、相対的にAmy、Ben、
Dan、Ellenを高熟達度、Cathyは低熟達度と判断した。

4 | 短文完成タスクの実践

　本節では、短文完成タスク活動前の準備内容と実践の流
れを説明する。今回の短文完成タスクは、一枚の絵を見て
想像を膨らませ、学習者数人がリレーで書き繋ぎ短文を完
成させるというものである。また、学習者から希望が多か
った、導入後間もない「て形」（教科書第6課で導入）を使う
活動にした。

4.1　準備

　活動前に、下のスクリーンショット1の左側にある
Googleスライド4枚を準備した。スライドの1枚目はス
クリーンショット1の中央にも大きく映し出されている表

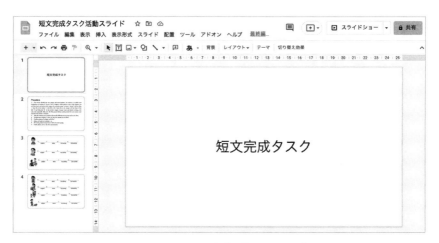

スクリーンショット1：タスク活動で使用するGoogleスライド

紙で、2枚目はタスク活動のやり方と流れについての英語
による説明文（以下「スライド2」とする）、3枚目（以下「ス
ライド3」）と4枚目（以下「スライド4」）が絵をヒントにリ
レーで短文を完成させるためのスライドである。以下、ス
ライド2の内容から順に説明する。

　下の枠内がスライド2の英文を拡大したもので、活動の
直前に学習者に説明するためのものである。英文の日本語
訳は英文の下に記した。

スクリーンショット1のスライド2：タスク活動の説明

1) You will be divided into two groups and work together. The activity is to inflate your imagination by looking at a picture and to complete a short sentence with a relay. Imagine two activities from each picture and connect the activities using "te-forms." Group 1 will use Slide 3; Amy fills in the blanks ①, Ben fills in ②, Cathy fills in ③. Group 2 will use Slide 4; Dan fills ① and Ellen fills ②. At the teacher's signal, everyone starts and finishes writing in each blank space at the same time. Only after the first person finishes writing should the next person write and make the sentence consistent.
2) After the sentences are complete, discuss the following in the group and rewrite them.
   a) Are there any mistakes? If there are any, how should you fix them?
   b) Can the sentences be longer and richer?
3) Sensei will hint at mistakes, etc.
4) The parts hinted at by Sensei will be fixed in a group.
5) Finally, please answer the short questionnaire.

スライド2の日本語訳
1) みなさんは、これから2つのグループに分かれて活動します。絵を見て想像を膨らませてリレーで短文を完成させる活動です。1つの絵から2つの活動を想像して、「テ形」を使って2つの活動をつないでください。グループ1はスライド3を使って、Amyが①、Benが②、Cathyが③の空欄を埋めます。グループ2はスライド4を使って、Danが①、Ellenが②を埋めます。先生の合図で全員同時に書き始める・終える、を繰り返します。最初の人が書き終えたら、次の人が書いて、文の内容が一貫性のあるものにしてください。
2) 文ができたら、下のa）とb）についてグループでよく話し合って書き直します。
   a) ミスはないか、あったらどう直せばよいか
   b) 文の内容をもっと膨らませることはできないか
3) 先生が間違いなどを示唆します。
4) 示唆された箇所をグループで直します。
5) 最後に簡単なアンケートに答えてください。

下のスクリーンショット2と3がスクリーンショット1のスライド3、4を拡大したものである。今回の学習者は5人であったため、上の説明にもあるように、スクリーンショット2（スライド3）は3人用、スクリーンショット3（スライド4）は2人用に作成した。学習者は左側の絵を見て想像を膨らませ、右側の割り当てられた空欄①、②、③に想像した内容を日本語にしてリレーで書いていく。空欄

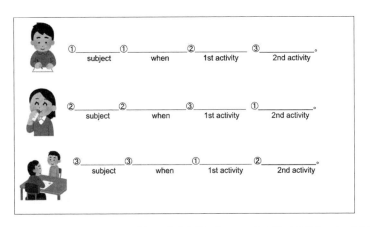

スクリーンショット2：スライド3（絵から想像を膨らませる＋「て形」を使うタスク：3人用）

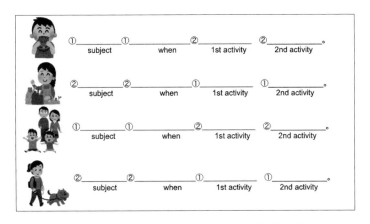

スクリーンショット3：スライド4（絵から想像を膨らませる＋「て形」を使うタスク：2人用）

下にはSubject（だれ）、When（いつ）、1st Activity（何をして）、2nd Activiti（何をする）というヒントを記した。

　活動時間は計50分で、活動内容と時間配分は表1のように計画した。

表1　活動手順と時間配分

	活動内容	時間
①	タスク活動の説明・担当箇所の確認	5分
②	短文完成タスク活動	15分
③	グループによる加筆・修正	15分
④	教師によるフィードバック	5分
⑤	グループによる再加筆・修正	5分
⑥	学習者がアンケートに回答	5分

　表1⑥のアンケート調査には下の英文の質問3つを準備した（カッコ内の日本語訳は学生用にはない）。

アンケートの質問

【質問1】What do you think about the feedback from your teacher and peers?（先生や友達からのフィードバックについて、どう思いますか）
【質問2】What did you feel about this activity over all?（全体的に、この活動についてどう思いましたか）
【質問3】What was helpful? What was not?（役にたったこと、立たなかったことは何ですか）

4.2　実践

　前項に挙げた表1の①〜⑥に沿って、実践の流れを説明する。

【表1①】タスク活動の説明・担当箇所の確認（5分）
　Zoomのメインルームで、教師は学習者にスクリーンショット1のスライド2の英文を示し、今回のタスク活動の内容と流れ、担当箇所について説明した。学習者全員が活動内容を理解したのを確認し、学習者にGoogleスライドのリンク先を知らせ、全員がリンク先を開けたのを確認

後、ブレイクアウトルームに学習者を振り分けた（グループ1がAmy、Ben、Cathy、グループ2がDanとEllen）。ここで、教師はGoogleスライドの共有設定を変更し、学習者はGoogleスライドのテクストボックスの機能を使用して自由に書き込めるようにした。活動の進捗状況は各スライドへの書き込みを見て確認した。

【表1②】短文完成タスク活動（15分）
　教師の合図で、学習者は全員同時に自分の担当箇所の空欄に日本語をタイプし始めた。グループ1は前掲スクリーンショット2（スライド3）の絵を見ながら、Amyが①、Benが②、Cathyが③の空欄を埋めた。同様に、グループ2は前掲スクリーンショット3（スライド4）の絵を見ながら、Danが①、Ellenが②を埋めた。

【表1③】グループによる加筆・修正（15分）
　空欄を埋める活動が終了した後、グループ内で作成した文に間違いがないか、もっと情報を加えることはできないかを、各グループがブレイクアウトルームで話し合った。

【表1④】教師によるフィードバック（5分）
　加筆・修正が行われた文を教師は確認しながら、学習者が修正可能であろうレベルの暗示的フィードバックを口頭で行い、ハイライトを付した。例えば、「ここは「で」でいいですか」、「これはどういう意味ですか」といったものである。

【表1⑤】グループによる再加筆・修正（5分）
　学習者は教師に指摘された箇所をグループで話し合いながら、再度修正と加筆を行い、短文を完成させた。

【表1⑥】学習者がアンケートに回答（5分）

　最後に学習者にはアンケート調査の3つの質問（4.1）に回答してもらった。

5 ｜ 結果分析——完成までのプロセス・相互行為・アンケート調査

　本節では、短文が完成するまでのプロセスを短文の変化と学習者の相互行為、教師のフィードバックを交えて、各グループ1例計2例紹介する（5.1）。5.2にはアンケート調査の主な結果をまとめる。考察は次節で行う。

　相互行為については、Li & Kim（2016）を参考に、下のように発話機能を分類した。その上で、それが協調的発話（肯定的・積極的・建設的・同調的など）であるのか、それとも非協調的発話（否定的・消極的・破壊的・反発的など）であるのかを文脈や学習者の口調などから判断した。

　発話機能の分類
1. 【賞賛】他者の考え、コメント、助け、能力を認めたり褒めたりする。例：それいいね！
2. 【同意】他者の観点に同意する。例：そうだね！
3. 【不同意】他者の観点に不同意を示す。例：ここはアクティビティだから、形容詞より動詞のほうがいいと思う。
4. 【具体化】自他のアイデアを具体的に話す。例：ここに8時から9時までとか時間を加えたらいいと思う。
5. 【問いかけ】他者に意見、コメントなどを求める。例：どう思う？
6. 【説明】自分のアイデアやコメントに理由を付け述べる。例：日本の話だから日本人の名前のほうがいいと思う。

7. 【質問】不明な点を聞く。例：どうしてここは「に」じゃなくて「で」？

8. 【依頼】要求や依頼をする。例：この小さい「つ」はカットして。

9. 【提示】他者と共有するために情報などを提供する。例：apple は日本語で「りんご」だって。

10. 【提案】特に理由を付けず、アイデアなどを提示する。例：この人の名前は「太郎さん」にしたらどうかな。

5.1　短文完成までのプロセス

　例1はグループ1、例2はグループ2に関するもので、各枠内が左の絵をもとに学習者が書いた短文である。例1の最初に作られた文、つまり枠内1【単文完成タスクで作られた文】は、まずAmyが「きのうのばん」までを書き、Benが「しゅくだいをして」、Cathyが「あそびました」を書いている。この短文が学習者の話し合いによって、2【グループによる加筆・修正後の文】に書き換えられ、更に教師のフィードバックを受け、再度学習者が話し合い、3【教師のフィードバック後の文（完成文）】に仕上がっている。

　両例の下、アステリスク線下に、学習者による話し合いの一部である発話（1）～（16）を解説とともに示した。発話（1）～（16）のカッコ内は日本語訳である。また、発話後の［ ］内に発話の機能と協調性（協調的か非協調的か）を記した。発話の機能は本節の冒頭に挙げた10の機能【賞賛・同意・不同意・具体化……】から選択している。

　例1の枠内2の文ができるまでには下（1）～（4）のような話し合いが持たれている。

例1：グループ1

1【単文完成タスクで作られた文】
田中さんは、きのうのばん しゅくだいをして あそびました。

↓

2【グループによる加筆・修正後の文】
田中さんは、きのうごごよじからろくじごろまで、ともだちの うちに たいへんなしゅくだいをして、あそびにいきました。

↓

3【教師のフィードバック後の文（完成文）】
田中さんは、きのうごごよじからろくじごろまで、ともだちの うちで たいへんなしゅくだいをして、あそびにいきました。

****

【学習者の発話の一部】

(1) Amy: Maybe we can do from this time to certain time（時間の長さが変えられるかも）？ ［提示・協調的］

(2) Cathy: 〜から〜まで？ ［提案・協調的］

(3) Amy: Yea. Oh wait, but the last part is the past tense, so……（そうだね。でもまって、最後の部分は過去形だから…）. ［提示・協調的］

(4) Ben: Maybe something like きのう. We can have きのう and then we would do the からまでpattern（きのう、と入れて〜から〜までを使うのはどう）？ ［提案・協調的］

　出来上がった例1枠内2の文について、教師は「「うちに（グレーのハイライト部分）」は「に」でいいでしょうか。もう一度考えてみてください」とコメントしている。このコメントを受けて、学習者は次のような話し合いをしている。なお、話し合いの中でのBenの「目的の場所には「に」を使うのでは」という疑問については、学習者間で的確な答えが出そうになかったため、教師が説明を加えている。

【学習者の発話の一部】

(5) Amy: I don't know what a correct particle would be……（どんな助詞が正しいかわからないな）. ［提示・協調的］

(6) Cathy: Is it で? instead of に? ともだちのうちで? ［提案・協調的］

(7) Ben: But it's purpose form so…… I thought location is に……（でも目的のフォームだから、場所は「に」だと思ったんだけど）. ［不同意・協調的］

(8) Cathy: I think it would be で. Like うちでゆっくりして……. ［説明・協調的］

(9) Amy: Ok, I will just put で. ［同意・協調的］

****

　　次に挙げる例2の枠内1の【単文完成タスクで作られた文】は、Ellen が「2じまで」までを書き、Dan が残りを書いている。例1と同じように、例2枠内1の短文が学習者の話し合いと教師のフィードバックを経て完成に至っている。

例2：グループ2

1【単文完成タスクで作られた文】
わたしと子犬は、ごご11じから2じまで さんぽをして、たのしかったです。
↓
2【グループによる加筆・修正後の文】
わたしと子犬は、ごぜん10じから11じまで さんぽをして、たのしかったです。
↓
3【教師のフィードバック後の文（完成文）】
わたしと子犬は、ごぜん10じから11じまで いぬのこうえんでさんぽをして あそんでたのしかったです。

****

上例2の枠内2の文ができるまでには下のような話し合いが持たれている。

【学習者の発話の一部】

(10) Dan: He is walking late at night! Hahaha（この人、夜遅く歩いているね。〈笑い〉）．［提示・協調的］

(11) Ellen: Oh yea, it is pretty late（あぁ、ほんとうだ。結構遅いね）．［同意・協調的］

　出来上がった例2枠内2の文について、教師は「もう少し情報を足して複雑な文にしてみましょう」とコメントしている。このコメントを受けて、学習者は以下のように話し合っている。

【学習者の発話の一部】

(12) Ellen: We can say 犬の公園．［提案・協調的］

(13) Dan: 犬の公園？That works（いいね）．［同意・協調的］

(14) Ellen: I don't know how it works（合ってるかわからないけど）．［提示・協調的］

(15) Dan: I like the idea. Could we do あそんでたのしかったです？I will take blame for it（いいアイデアだと思う。「あそんでたのしかったです」としてもいい？責任取るから）．［賞賛→提案・協調的］

(16) Ellen: You wanna try? I don't know if it's grammatically correct, but we can try（やってみる？正しいかわからないけど、やってみてもいいよ）．［同意・協調的］

　上でいくつか発話の機能は提示したが、添付資料1と2に各学習者のすべての発話の機能と回数をまとめた。

5.2 アンケート調査結果

　以下には表1⑥で実施したアンケート調査の回答をまとめた（カッコ内は筆者訳）。

【質問1：先生・友達からのフィードバックについての回答】

a. Very helpful especially from my peers. We were all pitching in on each other's work（友人からのフィードバックが特に役立った。全員がお互いの作文に貢献することができた）.

b. The (teacher's) feedback was good, and we were able to confirm that we did everything correctly（先生のフィードバックはよかった。正しい文が作れたことを確認することができた）.

【質問2：この活動についてどう思うかの回答】

c. It was helpful to create sentences with my peers and then analyze and correct them. I also very much enjoyed the experience in general（友人と文を作り、分析し、修正するのはとても役立った。また、全体的に経験として、とても楽しかった）.

d. Really good environment to try out all the things we learned this semester（今学期学んだすべてのことを試すのにとてもよい機会となった）.

【質問3：役立ったことについての回答】

e. Making the sentences in general was very helpful. We got confirmation on some things we tried, and it ended up working（文作成自体がとても役立った。自分達で挑戦してみたことに「正しい」という確証をもらえた）.

f. I think the whole activity was helpful. Especially analyzing the sentences and trying to improve/

complicate them（活動全体として役立った。特に文を分析して改良・複雑化する点が役立った）.

6 ｜ 考察——熟達度の観点から

　本節では、前節に示した結果について熟達度の観点から考察を行う。

　今回の話し合いにおける発話は、学習者の熟達度に影響を受けることなく、例1と2に関するものだけでなく、ほとんどすべてが協調的、積極的なものであった。以下、発話機能別に見ていく。

　「説明」「提示」「提案」など自分の考えを述べる際に、他者を支配するような発話はまったく見られず、どちらかといえば間接的で柔らかな表現が多く、協調性を示す表現も見られた。例えば、例1の場合、(1) Amyの「Maybe」、(4) Benの「Maybe something like」、(8) Cathyの「I think it would be」など、推量表現が意見を和らげている。例2では (10) Danが「He is walking late at night」と笑いながら言うことで、Ellenの気づきを促して婉曲的に変更を示唆しており、支配的発話からは程遠い。(4) Ben、(12) Ellen、(15) Danが提案の際に「I」ではなく、「We」を使用しているのは協調性の表れと見なすことができる。

　提案や意見に対する「反応」も否定的、攻撃的なものは見られなかった。例1の (7) Benは「But it's purpose form so…… I thought location is に……」と不同意を表明してはいるものの、意見部分にはI thoughtを使い、断言を避けており、強さは感じられない。また、(9) のAmyは「Ok」と同意を示している。例2でも (10) Danの情報提供に対し、(11) Ellenは「Oh yea, it is pretty late」と素直に修正に応じている。その後の (12) 〜 (16) のやり

118

とりでも互いの提案や提示に対し賞賛や同意で応じ、(16)
Ellen は (15) Dan の提案に対し「I don't know it's gram-
matically correct」と不安感を示してはいるものの、「we
can try」と、ここでも「we」を使うことによって、同意
の意だけでなく、協調性をも示している。このような賞
賛・同意、協調性を示す発話は、Amy が計11回、Ben 計8
回、Cathy 計13回、Dan 計13回、Ellen 計12回（添付資料
1と2から）と多く、例1のBenのように多少の不同意は観
察されたものの、否定的、攻撃的なものは見当たらなかっ
た。

　今回、明らかに熟達度の差が影響していないケースは、
発話 (6) と (8) の Cathy の説明に対する (9) Amy の
反応である。熟達度の低い Cathy の的確な提案 (6) に対
し、Ben は (7) で不同意を表明しているが、Amy は素直
に受け入れている。

　そして、このような協調的相互行為は、短文を完成度の
高いものにしている。例1の場合、(1) から (4) のよう
な話し合いが、文を具体的な内容に変えている。元の文の
「きのうのばん」が「きのうごごよじからろくじまで」に
なり、単なる「しゅくだいをして」だったものが「ともだ
ちのうちにたいへんなしゅくだいをして」となり、つまり
時間・場所・程度が加えられ、文が具体化している。更
に、教師のフィードバック後の話し合いでは、上述の通り
(6) (8) での Cathy の説明が Amy に素直に受け入れら
れ、「うちに」は「うちで」と助詞が正しく直されてい
る。例2では、Dan の遠回しの提示が Ellen に受け入れら
れ、夜中の散歩が午前中の散歩に変更されている。更に教
師の指示を受け、(12) 〜 (16) の話し合いでは、散歩を
する場所と遊びという行為が加えられ文が具体化してい
る。

　以上のように、今回の短文完成タスク活動における学習

者間の相互行為は協調性のあるものであり、それが文の完成度を高めるのに役立っていることが観察された。

　ただ、今回の結果をもとに熟達度の差は相互行為や作文に悪影響は及ぼさないと考えるのは早計すぎる。学習者Cathyは今回の学習者の中では比較的熟達度が低かったのは確かだが、決して「出来の悪い」学習者ではない。例1(6)、(8) でもCathyは真っ先に正しい答えを思いつき、的確な説明さえ加えている。発話も非常に積極的で発話総数は60回と、Amyの67回とほぼ同じで、Benの35回よりはるかに多い（添付資料1）。Cathyの発話をAmyが素直に受け入れているのは、むしろCathyが一目置かれた存在であると考えるのが妥当であろう。実際、例1以外にもCathyは特に内容に関して完成度を上げる提案を何度かしている。そして、冗談を言う回数も8回と圧倒的に多く（添付資料1の11「その他」）、場を和ませるのにも貢献している。

　活動後のアンケート調査結果を見ると、質問1の回答a「友人からのフィードバックが特に役立った。全員がお互いの作文に貢献することができた」ならびに、質問2の回答c「友人と文を作り、分析し、修正するのはとても役立った。また、全体的に経験として、とても楽しかった」、更には質問3の回答f「文を分析して改良・複雑化する点が役立った」から学習者同士の意見交換の有益性が十分に見て取れる。この他に、質問1の回答bと質問3の回答eからは正確さの確認には教師のチェックが欠かせないこと、また、質問2の回答dからは今回の活動が実力を試す場となったことがうかがえる。

7 ｜ おわりに

　本章では、日本語ゼロ初級コースの学習者による短文完成タスク活動を紹介し、短文完成までのプロセスとそれに

関連する学習者間の相互行為と熟達度について考察を行った。今回の実践では日本語の熟達度にかかわらず学習者が協力し合い意欲的に短文を完成させる様子が観察された。加筆と修正の末に出来上がった短文はいずれも完成度が高く、協調的かつ積極的に行われた協働学習の成果が見られたと言える。

ただし、考察でも議論したとおり、今回の結果を一般化することはできない。今回の活動は参加者を募って行ったため、学習意欲の高い、比較的優秀な学習者が集まった。人数も5人と少人数であり、教師は各学生に十分気を配ることができた。当コースは通常20名前後の学習者が履修するため、実際の授業で行った場合、今回のような結果がでるとは限らない。今後は、通常のクラス環境での実践を試みていきたい。

参考文献

新井美奈（2020）「ピア・フィードバックを用いたライティング指導の実践―異なる熟達度の生徒間の学習を支える協働学習を活用して」『教育実践研究』30, pp.145–150.

Allen, D., & Mills, A. (2014) The impact of second language proficiency in dyadic peer feedback. *Language Teaching Research, 20*(4), pp.498–513.

Amores, M. J. (1997) A new perspective on peer-editing. *Foreign Language Annals, 30*(4), pp.513–522.

Carson, J. G., & Nelson, G. L. (1994) Writing groups: Cross-cultural issues. *Journal of second language writing, 3*(1), pp.17–30.

Chen, W., & Yu, S. (2019) A longitudinal case study of changes in students' attitudes, participation, and learning in collaborative writing. *System, 82*, pp.83–96.

DiNitto, R. (2000) Can collaboration be unsuccessful? A sociocultural analysis of classroom setting and Japanese L2 performance in group tasks. *The Journal of the Association of Teachers of Japanese, 34*(2), pp.179–210.

Hatasa, A. Y., Hatasa K., & Makino, S. (2014) *Nakama 1: Introductory Japanese: Communication, culture, context*. Third edition. Boston,

MA: Cengage Learning.

Li, M., & Kim, D. (2016) One wiki, two groups: Dynamic interactions across ESL collaborative writing tasks. *Journal of Second Language Writing, 31*, pp.25-42.

Li, M., & Zhu, W. (2013) Patterns of computer-mediated interaction in EFL collaborative writing groups using wikis. *Computer Assisted Language Learning, 26*(1), pp. 61–82.

Li, M., & Zhu, W. (2017) Explaining dynamic interactions in wiki-based collaborative writing. *Language Learning & Technology, 21*(2), pp.96–120.

Malmqvist, A. (2005) How does group discussion in reconstruction tasks affect written language output? *Language Awareness, 14*(2–3), pp.128–141.

McCarthey, S. J., & McMahon, S. (1992) From convention to invention: Three approaches to peer interaction during writing. In R. Hertz-Lazarowitz & N. Miller (Eds.) *Interaction in cooperative groups: The theoretical anatomy of group learning* (pp.17–35). London, UK: Cambridge University Press.

Storch, N. (2013) *Collaborative writing in L2 classrooms*. New York: Multilingual Matters.

Zoom Video Communications, Inc. (2021) Retrieved December 1, 2021, from https://zoom.us/

添付資料

資料1がグループ1、資料2がグループ2の各学習者の発話回数をまとめたもので、両表とも最下方に各学習者の発話総数と割合を示した。

資料1：グループ1（Amy, Ben, Cathy）の発話機能と発話数

発話の機能	発話数		
	Amy	Ben	Cathy
1.賞賛	2	0	3
2.同意	9	8	10
3.不同意	2	4	2
4.具体化	4	2	4
5.問いかけ	6	2	7
6.説明	10	4	3
7.質問	10	3	3
8.依頼	3	3	1
9.提示	13	3	8
10.提案	5	5	11
11.その他	3	1	8
各学習者の発話総数（3名の発話割合：%）	67（41.4%）	35（21.6%）	60（37%）
3名の発話総数	計162		

資料2：グループ2（Dan, Ellen）の発話機能と発話数

発話の機能	発話数	
	Dan	Ellen
1.賞賛	4	1
2.同意	9	11
3.不同意	3	3
4.具体化	2	3
5.問いかけ	4	9
6.説明	6	3
7.質問	6	7
8.依頼	2	1
9.提示	16	6
10.提案	16	7
11.その他	3	1
各学習者の発話総数（2名の発話割合：%）	71（57.7%）	52（42.3%）
2名の発話総数	計123	

第7章

【アメリカ・中級】
21世紀スキルに基づく目標設定と評価

大須賀 茂

1 はじめに

　中級レベルのリレー作文の実践例として、シートン・ホール大学（Seton Hall University）の日本語学習3年目の学習者を対象とした作文指導を紹介したい。アメリカの日本語教育では、全米外国語教師協会（ACTFL）が1996年に「21世紀の外国語学習基準（The Standards for Foreign Language Learning for the 21st Century）」を提唱し、コミュニケーション（Communication）、文化（Culture）、コネクション（Connection）、比較（Comparison）、コミュニティ（Community）の5Csを学習目標にすることを推奨した。また、国際交流基金（Japan Foundation）が運営するJFスタンダードは、学習者が生涯にわたって自律的に学習を続けられることを目標にしたヨーロッパ言語共通参照枠（Common European Framework of Reference for Languages：CEFR）を基本に、言語を使って実際に何がどのくらいできるかを示したJF Can-doを作成した。更に、ATC21s（Assessment and Teaching for 21st Century Skills）では、社会で必要な準備（Career Readiness）や21世紀型スキル（21st Century Skills）など、グローバルな実社会で必要なスキルの重要性も提唱している。
　では、これまでの日本語作文教育では学習者が実際の社

会活動で必要なライティング・スキル訓練の機会を提供していたのであろうか。一般的に従来型の作文指導では、教師は表記（ひらがな、カタカナ、漢字）の間違いや、文法の間違いを指摘し、それを修正する誤用を少なくする作業が多かったと思われる。そして、日本語を書くという学習作業は各個人に限られ、読み手は教師という、学習者と教師という2人の直線的な関係で教育活動が行われていたのではないだろうか。

　このような現状に対し、リレー作文は日本語の言語の習得だけではなく、21世紀型スキルである、仲間と協力しながら目的を解決し、また協力しながら創造しあう協働作業を含んだ作文教育になりうると思われる。

　この中級における実践報告では、最初に教師は作文課題の目標を設定し、学習者に21世紀型スキルの重要性と評価方法について説明する。学習目標（Learning Objectives）と評価方法を明らかにしない作文教育では、なぜ協働で作文を書かなければならないか学習者が理解できないからである。次に、中級リレー作文の実践報告として、リレー作文を導入する手順と注意点、作文例2点を示したい。更に、本学で実施したアンケート調査から、学習者にとってリレー作文は協働で作文を書くことによってどのような成果や問題点があったのかも報告したい。最後に、中級におけるリレー作文の可能性についても考察をしてみたい。

2 | 21世紀型スキルに基づくリレー作文の実践

2.1　リレー作文の目標設定

　上述したように、作文指導前に教師は作文課題の目標を学習者に示す必要がある。学期始めに21世紀型スキルを説明し、なぜリレー作文が必要なのか、なぜ協働作業が必要なのかを学習者に説明し、リレー作文の重要性を認識し

てもらうことから始めた。これは協働作業を今までの授業で経験したことがない学習者が多いことや、個人で作文を書いた方がグループで書くより早く作文が完成できると思っている学習者が多いからである。以下がその内容となる。

【21世紀型スキル】
　21世紀型スキルとは国際団体のATC21sが提唱する、21世紀以降のグローバル社会に必要な能力で、以下の4つのカテゴリーに分けられた計10種類のスキルのことである。

(1) 思考方法（Ways of thinking）
　・創造力とイノベーション（Creativity and innovation）
　・批判的思考、問題解決、意思決定（Critical thinking, problem-solving, decision-making）
　・学ぶ学習、メタ認知（Leaning to Learn, metacognition）（認知プロセスについての知識Knowledge about cognitive process）
(2) 仕事のツール（Tools for working）
　・情報処理能力（Information literacy）
　・情報通信技術の処理能力（Information and communication technology literacy）
(3) 仕事についての方法（Ways of working）
　・コミュニケーション（Communication）
　・協働作業（Collaboration）
(4) 国際社会生活（Ways of living in the world）
　・地域と国際社会での市民性（Citizenship—local and global）
　・人生とキャリア設計（Life and career）
　・異文化理解と適応能力を含む個人と社会的責任（Per-

sonal and social responsibility—including cultural aware-
ness and competence）

　21世紀型スキルはコミュニケーション能力、創造力、
イノベーション能力、批判的思考力、問題解決力、リーダ
ーシップ、マネジメント力、異文化（他者）に寛容な態度
などが強調されていることが理解できる。また、従来の日
本語作文教育は教師が学習者にライティングの課題を通じ
て日本語の書く能力を養成することが中心であったが、
21世紀型スキルではグループ内の協働作業を通じて、メ
ンバー全員で協調しながら想像力を働かせたりして課題を
完結するタスクが必要なのである。グループ内ではマネジ
メント力やリーダーシップ力も大切なことが理解できる。
　以上を学習者に説明し、十分な理解がなされたことを確
認した上で、教師は作文の課題と評価基準（ルーブリック）
の説明をした。

2.2　課題（カリキュラム）

　中級レベルの作文カリキュラムを作成する時に参照した
のは、JF Can-do と ACTFL の Can-do-Statement である。
具体的には、1学期目（秋学期）は中級の下レベル（Inter-
mediate-Low）と中レベル（Intermediate-Mid）の Can-do-
Statement、2学期目（春学期）は中級の中レベル（Interme-
diate-Mid）と中級の上レベル（Intermediate-High）を参照
した。
　作文を実際に書く作業は授業外に行うこととし、1週間
に1本のペースで学期（10週）中に合計10本のリレー作文
を完成させることを課題とした（成績の25％の配点）。以下
で両学期の具体的課題内容を紹介したい。

2.2.1 1学期目（秋学期）の課題について

表1がJF Can-doとACTFL Can-do-Statementを基に作成した、1学期目（秋学期）の課題例である[1]。

表1 秋学期のリレー作文課題

	課題	JF Can-do	ACTFL Can-Do-Statement
第1週目	家族の紹介	自分と家族（家族構成、身体的特徴など）	友人や家族の容姿や性格を説明することができる。
第2週目	夏休みの思い出	自然と環境（天候、季節、環境問題など）	人物、活動、出来事、経験について書くことができる。
第3週目	日本で行ってみたい場所	旅行と交通（旅程、公共交通機関、観光など）	学校、職場、有名な場所、訪れた場所について書くことができる。
第4週目	好きな映画・嫌いな映画	自由時間と娯楽（スポーツ、映画、音楽など）	好きな映画やテレビ番組について書くことができる。
第5週目	好きな日本の食べ物	食生活（飲食、レストラン、料理など）	簡単に食べられる物の作り方を書くことができる。
第6週目	自動運転について	科学技術	口頭で発表する予定の発表草案を書くことができる。
第7週目	新型コロナ・ウイルスについて	健康	一般的なイベントや日常生活について書くことができる。
第8週目	ビット・コインを使いたいですか	社会	ブログやディスカッション・フォーラムに投稿することができる。
第9週目	オン・ラインの買い物がいいですか、お店の買い物がいいですか	買い物（店、支払いなど）	簡単なアンケートを作成することができる。
第10週目	日本の伝統文化とポップカルチャーについて	言語と文化	学んだことや研究したことについての短いレポートを書くことができる。

2.2.2 2学期目（春学期）の課題

2学期目は（春学期）は中級の中レベル（Intermediate-Mid）と高レベル（Intermediate-High）のCan-do-Statementを参

考にして表2の課題を作成した。手順は1学期目と同じである。

表2 春学期リレー作文課題

	課題	JF Can-do	ACTFL Can-do-Statement
第1週目	週末にファーマーズ・マーケットがあります	言語や文化に関すること	コミュニティのトピックやイベントについて書くことができる。
第2週目	映画のあらすじや要約を書いて下さい	自由時間と娯楽余暇や趣味に関すること（スポーツ、映画、音楽など）	映画のあらすじやテレビ番組のエピソードの簡単な要約を書くことができる。
第3週目	日本の食べ物について	食生活（飲食、レストラン、料理など）	ブログやディスカッション・フォーラムに投稿することができる。
第4週目	SNS上の他人の中傷ついて	人との関係（交際、トラブル、マナーなど）	学んだことや研究したことについての短いレポートを書くことができる。
第5週目	就きたい理想の職業と会社について	仕事と職業（企業、職種、職務など）	仕事とキャリアのトピックについて書くことができる。
第6週目	新聞の記事を読んで環境問題について要約してください	自然と環境（天候、季節、環境問題など）	学んだことについて簡単な要約を書くことができる。
第7週目	参加したボランティア活動について教えてください	住まいと住環境 住居や居住地域に関すること	参加したしたイベントについて説明することができる。
第8週目	ビデオ・ゲームは健康に良いですか	身体や健康に関すること	娯楽や社交行事について書くことができる。
第9週目	地域の新聞を読んで、どんな事件があったか要約して下さい	社会に関すること	コミュニティで何が起こっているかを要約することができる。
第10週目	日本語のクラスで何を勉強したか教えてください	教育機関や教育に関すること（学校、学習環境、教材など）	授業や学校を休んだ人のためにメモを準備することができる。

2.3 評価方法──採点基準（ルーブリック）について

リレー作文では、採点基準は目的や目標によって教師が決め、学習者が理解と納得をすることが重要である。も

し、学習者の理解が得られない場合は採点基準の調整も可能だと思われる。そして、リレー作文はグループでの協働作業の作品についての採点なので、個人の日本語能力を直接的には評価できない点も考慮しておく必要がある。

　以下、学期初日に学習者に行う、表3についての説明を詳述する。表3の第一項目はタスクに関する項目で、21世紀型スキルの獲得を目指したものである。タスクは、グループが全体としてCan do statementの課題を理解し、序論・本論・結論などの構成ができているか、課題についての統一性があるか、アイデアがユニークかである。第二項目は言語（Language）で、日本語能力の向上という点から構文に間違いがないか、文法に間違いがないか、色々な語彙が正しく使用されているかなど誤用チェックのための項目である。第三項目は、デリバリー（Delivery）評価のためのもので、具体的には読みやすい表現か、漢字を適切に使用しているか、語数制限内で書いているか、期限内の提出かを評価する。

　続く表4は「成長の記録」で協働作業を自己評価するものである。協働作業を「誰が」「どのように」評価するかは非常に重要な問題である。「誰が」については、学習者同士、教師、学習者自身などがある。本実践のように、授業外の作業が中心になる場合、教師が学習者を観察するのは難しい。また、21世紀型スキルは客観的に自らを評価することを重視している。そのため学習者自らによる評価方法を採用した。「どのように」についても21世紀型スキルを参考にした。リレー作文の「制作過程と学習者の成長」を振り返ることができるように、「思考方法」「仕事のツール」「仕事の方法」「国際社会生活」を採点対象とし、自らの活動を省みて「できた」「できない」の二者択一で自己評価する形式にした。採点対象の詳細は表4を参照されたい。

表3　リレー作文採点表（英語の採点表は参考資料3を参照）

項目	内容	配点	点
タスク	序論・本論・結論などの構成ができているか 課題についての統一性があるか アイデアがユニークか	7–5点＝大変良い 4–3点＝良い 2–1点＝普通 0点＝良くない	0, 1, 2, 3, 4, 5, 6, 7
言語	構文に間違いがないか 文法に間違いがないか 色々な語彙が正しく使用されているか	10–9点＝0–2の間違い 8–7点＝3–4の間違い 5–4点＝5–7の間違い 3–2点＝8–10の間違い 1–0点＝10以上の間違い	0, 1, 2, 3, 4, 5, 6, 7, 8, 9, 10
デリバリー	読みやすい表現か 漢字を適切に使用しているか 語数内か 期限内の提出か	7–6点＝1–2の間違い 5–4点＝3–5の間違い 3–2点＝6–10の間違い 1–0点＝10以上の間違い	0, 1, 2, 3, 4, 5, 6, 7
成長の記録	表4成長の記録より		0, 1, 2, 3, 4, 5, 6, 7
合計			31点

　　配点は、表3のタスクを7点、日本語の言語能力を10点、デリバリーを7点、協働作業を通しての成長（＝表4「成長の記録」）を7点、合計31点とした。各項目とも0から数点の幅で大まかに採点した上で、0から1点単位で点を決めた。例えば、タスクの場合、「大変良い」が7–5点、「良い」4–3点、「普通」2–1点、「良くない」0点で大まかに採点した上で、最終的に0〜7点のいずれかの点を与えた。言語能力の評価は、スムーズに作品が読めるかという観点から、0–2までの間違いを9–10点とし、間違いが多く読みにくいという点から8–10までの間違いを2–3点とした。もちろん、間違い数は重要であるが、読者にスムーズに日本語が伝わるのかが重要である。

　　以上、作文課題の目標、課題と評価の説明が終わった後、リレー作文に取り組んだ。

表4 成長の記録 採点表（英語の採点表は参考資料4を参照）

21世紀型スキル項目	質問	点数
1 思考方法	創造力を働かせることができた	1点＝できた 0点＝できない
2 思考方法	批判的思考を使うことができた	1点＝できた 0点＝できない
3 思考方法	グループ活動や問題解決に貢献できた	1点＝できた 0点＝できない
4 仕事のツール	情報処理能力として、インターネットを使って情報をえることができた	1点＝できた 0点＝できない
5 仕事の方法	提出期日やミーティング等の時間の管理ができた	1点＝できた 0点＝できない
6 仕事の方法	グループ間のコミュニケーションができた	1点＝できた 0点＝できない
7 国際社会生活	異文化理解として、日本と他国を比較することができた	1点＝できた 0点＝できない
総合点		0, 1, 2, 3, 4, 5, 6, 7

2.4 リレー作文実践内容

　各グループは3–4名で構成され、学習者は学期中にローテーションをして、いつも同じグループのメンバーにならないように注意した。誰が序論（Introduction）、誰が本論（Body）、誰が結論（Conclusion）を担当するかは各グループで話し合って決めた。各学習者は1つの段落を担当し、段落の語数は150–200語とした。書く作業は授業外に行うが、1つの段落を30分以内に完成することを、表4の5「仕事の方法：提出期日やミーティング等の時間の管理」における小目標の1つにした。

　各課題について書く作業に入る前の授業では、グループ毎に分かれ、10分ほどで以下の点を決めた。1）コーディネーター役、2）課題に対してグループ全員でどのような方向で書くのかと作文のタイトル、3）序論、本論、結論を誰が書くのか等の役割と日程。

　上にも述べた通り作文活動は授業外に行った。序論を書

き終えた学習者から順に、作文原稿（Word File）をメールで次の担当者に送信していく。最後に結論を書き上げた学習者がコーディネーターに完成した作文を送信する。コーディネーターはオン・ラインの学習プラット・ホームのブラック・ボード（Blackboard）内にあるディスカッション（Discussion）ボードに作文を載せ、教師が見られるようにした。

　教師は作文全体についてフィードバックを行った。具体的には、感想等を述べ、気づきを促す目的で基本語彙・文法・漢字等の誤用には傍線ないしハイライトを付し、ディスカッション・ボードに返信した。フィードバックの付された作文について、学習者グループは内容を訂正し、ディスカッション・ボードに再返信した。この段階で、教師は適切な訂正とコメントを記述した。そして、採点基準を基にグループの成績をディスカッション・ボードに載せた。最後に、グループは最終の話し合いをして作文を再訂正し、ディスカッション・ボードに最終作品を載せて1つの課題を完成させた。

3 ｜ リレー作文のサンプル

　本節では、中級レベルの学習者がどのような作品を完成させているのか、2例を紹介したい。紹介する2例はいずれも教師が修正を行う前のもので、学習者名はいずれも仮名である。1例目は1学期が始まって3週目の、クラスメイトの様子も少し分かり、日本語学習も楽しくなる時期に書かれたものである。2例目は2学期目の、クラスメイト、授業、リレー作文、いずれにも慣れた時期に書かれたものである。

3.1　1学期目（秋学期）第3週目のサンプルから
　課題は「日本で行ってみたい場所」で、JF Can-do Statementの「旅行と交通（旅程、公共交通機関、観光など）

について書くことができる」、ACTFLの「学校、職場、有名な場所、訪れた場所について書くことができる」に基づくものである。例1を選んだ理由は、21世紀型スキルの創造力を働かせることができている点や、インターネットを利用して「姫路城」や近くのレストランの情報を調べ、正確な情報を提供している点にある。また、序論・本論・結論と上手に連携ができていて、よくコミュニケーションがとれていたことが理解できる。

例1

「姫路城」

【1人目：Quinton】
姫路城は兵庫県にあります。赤松則村は1333年に姫山丘で砦を建てました。そして、1346年に姫山にお城を建てました。豊臣秀吉は、二百年後に、姫路城を新しくしました。1601年から1609年まで、池田輝政は姫路城をお城のコンプレックスにしました。1617年から1618まで、本多忠勝は姫路城に七つの建物を建てました。最後に、1927年に姫路城は国宝に指定されました。

【2人目：Aaron】
お城は6階建てなので姫路城は高いです。姫路城はとても有名です。姫路城はその色から白鷺城とも呼ばれています。1993年に姫路城はユネスコ世界遺産に選ばれました。周りには多くの自然があります。特に、外にはたくさん桜があるので、春とゴールデン・ウィークの間、多くの観光客は姫路城に行きたいです。日本人は花見をするのが大好きです。そして、姫路城は祭りをして、市民や観光客の好きな場所になっています。

【3人目：Gabriel】
姫路城を訪れた後、人々は食べたいです！城の近くには素敵なレストランがたくさんあります。それらのレストランからきれいな景色を眺めることができます。例えば、一つは活水軒です。彼らは美味しそうなお肉やお蕎麦を出します。どちらもランチはお値打ちです。また、讃岐うどんMemmeも人気です。うどんが美味しいと言う人もいます！早く行って食べたい！

3.2　2学期目（春学期）第3週目のサンプルから

この課題は「日本の食べ物について」で、JF Can-do Statementの「食生活（飲食、レストラン、料理など）について書ける」、ACTFL Can do statementの「ブログやディスカッション・フォーラムに投稿することができる」に基づ

くものである。例2には、中級レベル日本語に特有な不自
然な表現があるが理解が可能である。この作文の良い点は
21世紀型スキルの批判的思考を使っている点や他国の料
理と比較している点である。特に、寮生活や日本食が手に
入らない経験から益々日本文化や日本語学習に興味を持っ
ていることなど、このリレー作文を読んで共感が持てた。

例2

「日本の食べ物」

【1人目：Henry】
私のお父さんは「人生というのはなんでも試して、なんでもやってみて、そして経験が
深くなるものです」と言っていた。だから私はいつでも新しい経験を探します。食べ物
も同じ事です。私は様々な料理を食べた事がありました。例えばイタリア料理、中華料
理、そしてメキシコ料理など、私は色々な料理を食べて、各国の料理哲学から食事をす
る時の雰囲気まで、色々な魅力的なポイントを感じています。でも、私が食べた料理の
中で一番好きなのは日本の料理です。

【2人目：Addie】
子供の時、色々な日本の食べ物を食べてみて、日本の食べ物が大好きになりました。例
えば、若い時から寿司やラーメンや天ぷらや餅が大好きです。中学校の時初めて生魚を
食べて、それは刺身でした。あの時一番好きな刺身はマグロでしたけど、大学に入った
時からハマチとサーモンの方が美味しいと思います。大学の寮に住んでいて、台所があ
りませんが、全然日本の食べ物が作れないのは残念です。でも、家に行った時日本の食
べ物を料理してみて、日本の食べ物が好きな家族と一緒に食べたいです。

【3人目：Josh】
何時も食べられない日本の食べ物は私にとって特別な存在になりました。何時でも食
べられないことこそ、日本の食べ物を食べる時をもっと楽しみにする理由になりまし
た。そして、日本語を勉強したことで、私の日本の食べ物への繋がりがより強くなって
ゆくことにも気づきました。日本語も日本の食べ物も日本の文化に繋がり、私も言語を
勉強して、食べ物を食べて、この文化を少しずつ体験して私の一部にすることになりま
した。将来もっと沢山日本の食べ物を食べて日本の文化を体験してみたいと思ってい
ます。

---

4 | 考察——評価項目・アンケート調査結果について

　　本節では、まずリレー作文を4つの評価項目の観点から
考察する。次に、学習者のメタ認知活動を理解するために

学習者に実施したアンケート調査結果をもとに、リレー作文の協働作業が21世紀型スキルの習得に有効かを検証する。

4.1　評価項目について

　リレー作文を評価項目である、1) タスク：構成・統一性・アイデア、2) 言語能力：構文・文法・語彙等、3) デリバリー：読みやすい表現か・漢字・語数等、4) 成長の記録という4つの観点から考察したい。

　まず、タスクとして設定した構成・統一性・アイデアに関し、中級学習者は上手に構成をして統一性を持って課題を完成することができていると言える。特に、例1と2からも理解できるように、主題について、学習者全員が一貫性を持たせようとする姿勢が見られた。また、ストーリーを展開する上でも、リレー作文で序論・本論・結論を意識して書く訓練ができたと思われる。個人差はあるが、リレー作文を導入した結果、中級レベルでは作文を誰に対して書くのか（読み手）や、作文を書く時に、序論・本論・結論を明確に含んだ構成・統一性の向上が観察できた。更に、インターネットで検索して、一般にはあまり知られていない情報を基に課題を完成している作品も多く見られた。

　次に、構文・文法・語彙等の言語能力では、前者の文法の間違いに気が付き文法を訂正できる後者もいたが、この点は各学習者の日本語能力や性格等により個人差が課題の完成に大きく関係したようである。また、「オムライスも美味しな日本の食べ物です」のような初歩的な文法の間違いや、「日本の食べ物は美味しくて健子的です」等の漢字の変換の誤りも見られた。また、構文に関しては、授業で学習した文法を積極的に取り入れる学習者もいた。語彙に関しては、中級レベルの単語の使用が安定しており、中級レベルの作文に相応しいと思われた。全体としてリレー作文では、1人で書く作文よりも構文・文法・語彙等の積極

的な使用が見られた。

　読みやすい表現か、語彙数、締め切りに間に合ったか等のデリバリーに関しては、協働作業のためか注意深くなる傾向が見られた。特に、リレー作文では、接続詞の上手な使用が見られた。例えば、「まず」、「そして」、「それから」、「次に」、「しかし」、「最後に」等を利用して、ストーリーを展開している作品が多かった。リレー作文では、後者が前者の文章の添削をすることの賛否が問われるところではあるが、今回は協働の側面を重視し、グループで話し合いをして、なぜ違うのかの確認ができれば後者が前者の書いた文章を直しても良いと事前に決めた。リレー作文を課題に導入する場合は、この点のルール設定が必要だと思われる。

　最後に、21世紀型スキルの獲得を目指して各学習者が作品とともに提出した「成長の記録」について考えたい。授業の初めに21世紀型スキルやその評価方法を説明していたので、学習者は7つの項目を意識的に活用するように努力していた。特に、ウェブサイトを検索して、一般には知られていない情報を含んだ内容が多く見られた。この点を学習者に聞いてみると、インターネットで検索して調べるのに時間が掛かったが、日本文化について更に興味を持つようになったという意見が多かった。学習者は教師が想定した以上に情報収集能力に長けていることが考察できた。

4.2　アンケート調査結果から

　学期末にリレー作文について学習者の意識調査を実施した。その結果から下記の点が言える。

　まず、利点として次のことが挙げられる。

①リレー作文はアメリカの学習者にとって初めての経験で協働作業として楽しんで行うことができる。

②協働作業を通じて仲間意識が生まれ、協働で書く喜び

を体感できる。

次に、提案として次の2点が挙げられる。

①リレー作文は日本語学習2年目から始めるのが良い。
②まず学習者が個人で作文を書いてから同じ題名でもう
　一度リレーで書いてみると良い。

最後に、問題点として以下が挙げられる。

①アメリカでの言語（英語）教育のコースでリレー作文
　を経験したことがないため、最初少し戸惑う学習者が
　いる。
②段落を書き、それを並べるだけの作業になってしまっ
　たグループも見られる。
③グループ内の他者による修正では、間違えた本人が学
　ぶ経験は得られない場合が多い。
④結論を書く参加者が、前の2人の作文を編集するよう
　になってしまうケースが見られる。
⑤作文能力が低い学習者が結論の執筆を担当すると、ど
　のように文法を直したり、文を編集したりして良いか
　分からなくなる。
⑥他者に作文を読まれるのを恥ずかしいと思う学習者が
　いる。
⑦他の学習者に迷惑をかけるのではないかとプレッ
　シャーを感じる学習者がいる。

　これら以外に、一部の学習者からはグループで作業をす
ると時間が掛かるので大変だとの意見もあった。また、初
めてリレー作文を行う教師・学習者が多いことから、その
有効性を伝えるためにも、社会へ出る準備として協働作業

の経験が役立つことを示す研究が必要であることも分かった。また、後者が前者の作文を添削して良いのかなど様々なルールや評価法の開発も必要だと思われた。

5 おわりに

　　学習者が個人で書く作文の指導に比べ、協働作業を含んだリレー作文の指導は21世紀型スキルを身につける上で有効的であると思われた。そして、その有効性を高めるためには学期初めになぜ協働作業が大切なのかを十分説明することが欠かせない。21世紀型スキルを使用し、社会に出て活躍するための準備をしていることを学習者に理解してもらうことが大切である。

　　リレー作文は、単に文章を書き繋ぐだけでは意味がなく、数名が話し合いながら課題を完成させるという協働作業が重要である。協働作業を通して行われるリレー作文は、学習者の持つ多様な価値観をグループ内で共有しつつ、1つの課題について学習活動をし、お互いが尊敬できるグループやコミュニティを構築することができる。これは日本語教育の新たなアプローチになりうると思われる。

注　　　　　[1] 課題は年度によって異なる。提示した課題例は2020年度のものである。

参考文献　　JF日本語教育スタンダード　https://jfstandard.jp/summary/ja/render.do（2021年10月1日参照）
ACTFL World-Readiness Standards for Learning Language. Retrieved October 1, 2021, from https://www.actfl.org/sites/default/files/publications/standards/World-ReadinessStandardsforLearningLanguages.pdf
ATC21s. Retrieved October 1, 2021, from http://www.atc21s.org.

JF Can-do. Retrieved October 1, 2021, from https://jfstandard.jp/cando/about/summary/ja/render.do
NCSSFL-ACTFL Can-Do-Statement. Retrieved October 1, 2021, from https://www.actfl.org/resources/ncssfl-actfl-can-do-statements

参考資料

資料1　JFスタンダードとJF Can-do

　JFスタンダードとJF Can-doを検討し、日本語作文のカリキュラムを考察してみたい。JFスタンダードはコースデザイン、授業設計、評価を考えるための枠組みで、課題遂行能力（言語を使って課題を達成する能力）と、異文化理解能力（お互いの文化を理解し尊重する能力）のサポートを目標にしている。また、日本語のコミュニケーション言語活動の例を示したJF Can-doには、15のトピックが扱われている。これらによって、言語活動の必要な場面や内容が理解できる。

JF Can-do Statementのトピックと内容

	トピック	内容
1	自分と家族	自分や家族に関すること（家族構成、身体的特徴など）
2	住まいと住環境	住居や居住地域に関すること（部屋、家具、周辺施設など）
3	自由時間と娯楽	余暇や趣味に関すること（スポーツ、映画、音楽など）
4	生活と人生	日常生活やライフステージに関すること（日課、入学、結婚、子育てなど）
5	仕事と職業	仕事と職業に関すること（企業、職種、職務など）
6	旅行と交通	旅行と交通に関すること（旅程、公共交通機関、観光など）
7	健康	身体や健康に関すること（病気、通院、生活習慣など）
8	買い物	買い物に関すること（店、支払いなど）
9	食生活	食生活に関すること（飲食、レストラン、料理など）
10	自然と環境	自然や環境に関すること（天候、季節、環境問題など）
11	人との関係	人づきあいに関すること（交際、トラブル、マナーなど）
12	学校と教育	教育機関や教育に関すること（学校、学習環境、教材など）
13	言語と文化	言語や文化に関すること（外国語、冠婚葬祭、伝統文化、ポップカルチャー、異文化体験など）
14	社会	社会に関すること（政治、産業、経済、国際関係など）
15	科学技術	科学技術に関すること（最新テクノロジー、サイエンス、メディアなど）

資料2 ACTFL Can-do-Statement

　ACTFLのCan-do-Statementを見ると、中級レベルのライティング能力の課題が理解できる。まず、概論として中級はプレゼンテーショナル・ライティング（Presentational Writing）として下記の3つのレベルに分かれている。

ACTFL Can-do-Statement

中級-下レベル (Intermediate Low)
　一連の簡単な文章を使用して、最も身近なトピックについて簡単に書き、情報を提示することができる。具体的には、
- 人物、活動、出来事、経験について書くことができる。
- 友人や家族の容姿や性格を説明することができる。
- 学校、職場、有名な場所、訪れた場所について書くことができる。
- 休日、休暇、または一般的なお祝いについて書くことができる。
- 口頭で発表する予定の発表草案を書くことができる。
- 好きな映画やテレビ番組について書くことができる。
- 有名なアスリート、有名人、歴史上の人物について書くことができる。
- ことわざや童謡の簡単な説明を書くことができる。
- 簡単な詩を書くことができる。
- 何かを作る方法やする方法についての基本的な指示を書くことができる。
- ゲームのルールを書くことができる。
- 簡単に食べられる物の作り方を書くことができる。
- レストランで昼食をとるというような簡単な日課について書くことができる。
- 簡単なアンケートを作成することができる。

中級-中レベル (Intermediate Mid)
　接続された文章を使用して、さまざまな身近なトピックについて書くことができる。具体的には、
- メッセージやお知らせを書くことができる。
- 一般的なイベントや日常生活について書くことができる。
- 予定しているイベントについての招待状やチラシを書くことができる。
- 学んだことや研究したことについての短いレポートを書くことができる。
- 行われたイベントについて短い記事を書くことができる。
- 科学、数学、芸術などの教科について書くことができる。
- クラブや会合の議事録や報告書を書くことができる。
- 学校や職場で開催されるイベントのチラシを作成することができる。
- 映画、本、演劇、展示などのレビューを書くことができる。
- ブログやディスカッション・フォーラムに投稿することができる。
- 簡単な手紙、返答、出版物の記事を作成することができる。

中級-上レベル（Intermediate High）

　学校、仕事、コミュニティに関連するトピックについて、一般的に整理された方法で書くことができる。　また、さまざまな時間枠（過去・現在・未来）での出来事や経験について簡単な段落を書くことができる。具体的には、

- 学んだことについて簡単な要約を書くことができる。
- 実験など、タスクを完了するために必要な一連の手順を書くことができる。
- 授業や学校を休んだ人のためにメモを準備することができる。
- 仕事とキャリアのトピックについて書くことができる。
- 依頼された課題やタスクについて簡単な要約を書くことができる。
- プロジェクトを完了するために必要な一連の手順を文書化できる。
- マルチメディアプレゼンテーション、配布物、あらすじなどのコンテンツを書くことができる。
- コミュニティのトピックやイベントについて書くことができる。
- 新しい人や不在の人のために、コミュニティで何が起こっているかを要約することができる。
- 娯楽や社交行事について書くことができる。
- 参加したしたイベントについて説明することができる。
- 映画のあらすじやテレビ番組のエピソードの簡単な要約を書くことができる。

第7章　【アメリカ・中級】21世紀スキルに基づく目標設定と評価

資料3　リレー作文採点表（英語版）Rubric for Relay Writing

Item	Contents	Point	
Task	Is there clear structure of introduction, body, and conclusion? Is there uniformity of the topic? Is idea unique?	7–5 points = Excellent 4–3 points = Good 2–1 point = Poor 0 = Not completed	0, 1, 2, 3, 4, 5, 6, 7
Language	Is there a syntax error? Is there a grammar error? Is the various vocabulary used correctly?	10–9 points = 0–2 mistakes 8–7 points = 3–4 mistakes 5–4 points = 5-7 mistakes 3–2 point = 8–10 mistakes 1–0 point = More than 10 mistakes	0, 1, 2, 3, 4, 5, 6, 7, 8, 9, 10
Delivery	Is essay can easy-to-read? Is kanji used properly? Is it submitted within the number of words? Is it submitted within the deadline?	7–6 points = 1–2 mistakes 5–4 points = 3–5 mistakes 3–2 point = 6–10 mistakes 1–0 point = More than 10	0, 1, 2, 3, 4, 5, 6, 7
Reflections	See the reflection rubric for detailed contents	7–6 points = Cleary improved 5–4 points = Improved 3–2 points = Moderately Improved 1–0 point = Not Improved	0, 1, 2, 3, 4, 5, 6, 7
Total			30 Points

資料4　成長の記録評価基準（英語版）Rubric for Reflection

21st century skill items	Questions	Point	
Thinking method 1	I was able to use my creativity.	1 point = Improved 0 point = Not Improved	0, 1
Thinking method 2	I was able to use critical thinking.	1 point = Improved 0 point = Not Improved	0, 1
Thinking method 3	I was able to contribute to problem solving.	1 point = Improved 0 point = Not Improved	0, 1
Work tools	I was able to obtain information using the Internet.	1 point = Improved 0 point = Not Improved	0, 1
Work method 1	I was able to manage the time.	1 point = Improved 0 point = Not Improved	0, 1
Work method 2	I was able to communicate between groups.	1 point = Improved 0 point = Not Improved	0, 1
Intercultural competency	As a cross-cultural understanding, I was able to compare Japan and other countries.	1 point = Improved 0 point = Not Improved	0, 1
Total Point			0, 1, 2, 3, 4, 5, 6, 7

Japanese Relay Writing Survey

Thank you very much for participation of the Japanese Relay Writing Survey. **(Scale 0 is negative, and 5 is positive.)**

Personal Information
1. Gender (M, F)
2. Native Language (English, other _____)
3. Ethnic background _____
4. Numbers of Year of Japanese language study at schools (1, 2, 3, 4, 5, 6)
5. I like writing in English class (0, 1, 2, 3, 4, 5)
6. My English writing grade is (0, 1, 2, 3, 4, 5)

General Japanese Language Study
7. I like Japanese language study (0, 1, 2, 3, 4, 5)
8. I like vocabulary study (0, 1, 2, 3, 4, 5)
9. I like Japanese grammar (0, 1, 2, 3, 4, 5)
10. I like speaking Japanese (0, 1, 2, 3, 4, 5)
11. I like Japanese listening (0, 1, 2, 3, 4, 5)
12. I like Japanese reading (0, 1, 2, 3, 4, 5)
13. I like Japanese writing (0, 1, 2, 3, 4, 5)
14. I like Japanese cultural study (0, 1, 2, 3, 4, 5)

Japanese Relay Writing
15. I experienced relay writing in English class (Y, N). If yes, when

_____
16. I know relay writing previously (Y, N). If yes, when and where

_____
17. Comparing individual writing, the relay writing improves my thinking in Japanese (0, 1, 2, 3, 4, 5)
18. Comparing individual writing, the relay writing improves my Japanese grammar (0, 1, 2, 3, 4, 5)
19. Comparing individual writing, the relay writing (cooperate) to help each other in the group (0, 1, 2, 3, 4, 5)
20. Comparing individual writing, the relay writing is fun (0, 1, 2, 3, 4, 5)
21. I recommend individual writing first, then relay writing to the same topic (0, 1, 2, 3, 4, 5)
22. The Japanese relay writing should start at (1 year, 2nd year, 3rd year, or 4th year)
23. Overall, the relay writing improves my Japanese writing (0, 1, 2, 3, 4, 5)
24. Do you want to recommend Japanese relay writing to other professor(s)? (0, 1, 2, 3, 4, 5)

Any Comments on Japanese Relay Writing
_____
_____

第4部
実践編3
上級・日本語母語話者

第8章
【韓国・上級】
授業実践に向けたパイロット・スタディ

安 志英

1 │ はじめに

　　本章は、リレー作文の有効性や課題を検証するために希望者を募り試験的に行ったリレー作文の実践報告である。この検証結果をもとに、実際の授業への効果的な導入のための方法を考察することが主な目的である。

　　周知のように言語技能とは「聞く・話す・読む・書く」の4技能を指し、これらは「音声言語（聞く・話す）」と「文字言語（読む・書く）」に分けられる場合が多い。日本語教育においてもこれら4技能を中心に教育が行われており、韓国の大学では各技能の教育に重点を置いて会話（Speaking）、読解（Reading）、作文（Writing）などの科目を開設しカリキュラムを運営している。チョ（2016）は、韓国の大学の日本関連学科で実施されている作文科目は会話科目に比べて比重が低く、ややもすれば作文教育がおろそかに扱われることがあると指摘している。日本語に限らず、韓国の外国語教育において文字言語は音声言語に比べて比重が低いというのが現状のようである。これはコミュニケーションが重視される現今の言語教育の趨勢において、文字言語より音声言語がより重要であると考えられているからだろう。

　　このような趨勢と無縁とは言えないのが、近年の韓国に

おける学生の識字能力の低下問題である。彼らは、メッセンジャー、SNSなどを通じて短く簡単なコミュニケーションをしてきたZ世代の若者であり[1]、中には長く複雑な構造の文章読解や自己の論旨を広げることに困難を感じる学生も相当数いる。学業の中断につながるケースもある。

　このような状況下の2021年、韓国の教育部は「2022改正教育課程」を発表した（韓国教育部公式ブログ）。この改正課程の具体的目標の1つが物語と論述型評価の拡充であり、政府も若者の識字能力低下を憂慮し、その対策の一環として文章を書く能力の育成に力を注ごうとしていることが見て取れる。

　翻って、韓国の言語教育における協働学習を見てみると、多くはコミュニケーション能力の育成を目的とした音声言語中心の協働学習である。作文教育は一般的には、中学・高校の場合、教科書中心の空欄穴埋めや、短文の文章作成レベルにとどまっている。大学の場合、1学期間の作文クラスで作文を数本書く程度である。指導方法も学生が書いた文章を教師がチェックし、フィードバックするという、教師から学生への一方向の指導が一般的で、協働学習を取り入れる取り組みはあまり見られない。しかし、近年は後述するようにインターネットを介した協働作文の試みも散見されるようになってきている。

　そのような中、本章では、学習者を主体とした協働学習の方針の下、従来の作文クラス形式とは差別化された教授方法を模索するため、協働学習の重要性を強調したリレー作文に着目し、その導入方法について考察する。

2 ｜ パイロット・スタディに至るまでの背景

　本章で扱うリレー作文は、韓国の作文教育においては、嶋津（2013）が試みている他にはほとんど例がないようで

ある。これまでの韓国での日本語作文に関する研究は、学習者の書いた作文の誤用例を分析するものがほとんどであった（鄭・坂口2001; 望月2010他）。そして、その研究成果を踏まえ、韓国人学習者が間違えやすい語彙や文型などが日本語作文教育に活用されてきた。

　しかし、近年、コミュニケーション能力や協働学習の指導方法が導入され、多角的な研究が試みられるようになってきた（ソン2012; 白2014, 2017; リ2015）。2020年以降のコロナ禍においては、非対面授業が行われ、オンラインやインターネット掲示板を活用した作文教育の実践や、問題解決型学習（Problem-based learning）を導入した作文授業、協働学習に基づいた作文授業などの試みが行われ始めている（シン2020; リ2020他）。以上のような研究や教育実践は協働学習の重要性を強調している。

　また、第4次産業革命における人工知能の登場により、今後の教育は単純な知識伝達ではなく、互いにコミュニケーションを図り、協力して問題を解決するための学習活動が中心になると予想されている（国際文化フォーラム2013）。こうした潮流を考慮するに、作文教育にも協働学習の積極的な導入が必要であると考える。従来型の1対1的な作文教育方法とは差別化された、学習者が主体となって積極的に授業に参加し、学習者間の相互作用が活発に行われる授業方式の導入が必要とされている。そこで本章では、図1に示したように作文教育における協働学習と問題解決能力の育成、そしてコミュニケーション能力向上のための方法として、リレー作文を紹介したうえで、実践内容と結果を報告し、今後の効果的な導入方法を模索してみたい。

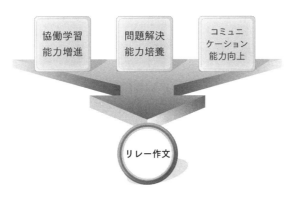

図1　リレー作文の目標

3 │ オンラインでのパイロット・スタディ

　　本実践は、授業実践に向けたパイロット・スタディとして希望者を募り2021年の6月と7月に1回ずつ授業外にビデオ会議システムZoom（Zoom Video Communications 2022）を介して行った。リレー作文を授業に本格的に導入する前に、まずはパイロット・スタディを通して、その有効性を検証し、そこから得た問題を修正・補完しようと考えた。リレーは、3章2.1で紹介されている基本形、つまり陸上競技のバトンリレーのように、1人目が書き終わるのを待って、次の人が続きを書いていく方法を採用した。参加学生はすべてリレー作文の経験がなかったため、下の資料を用いてオリエンテーションを実施した。

　　作文完成後には、矛盾した箇所やエラーがある箇所を相互チェックして修正し、また、アンケートによりリレー作文に対する認識と満足度、そして効果についての調査を実施した。

オリエンテーション用資料

リレー作文
1. 4人が1つのグループになって、指定したトピックについて日本語で作文を書きます。

2. 最初の人は15分間日本語でトピックについて文を書きます。
3. 2番目の人は15分間でその続きの文章を作成します。
4. 3番目の人は20分間でさらにその続きの文章を作成します。
5. 最後の人は20分で文章を完成させます。

リレー作文には、様々な方法があります。私たちが試みる方法は、「リレー創作ドア（リレー創作文）」の形式です。「リレー創作ドア（リレー創作文）」とは、リレーで学生が自由に想像力を発揮して、グループで創作文（話）を完成させるものです。最初の人が書いた内容を次の人はよく理解して矛盾が発生しないように、最後まで協力して書き上げるのがポイントです。

＊順序は当日決めます。（2回目は5人で行う可能性があります。進め方に若干の修正がある場合があります）
＊トピックは当日話し合ってから決めます。漠然としていてもいいから一緒に創作したいトピックを1つずつ考えて来てください。
（例：群山大学4年生の就職挑戦記など）
＊作文完成後、みんなで集まって話し合う時間があります。
＊自分が知っている範囲の日本語で書いてください。もしも日本語の表現がわからない場合は後でチェックするので心配する必要はありません。

　　　　本調査の参加学生は筆者の所属する大学の日本語日本文学科の学生5名で、基本情報は表1のとおりである。いずれも日本語の学習意欲が高い。なお、学生Eは、2回目のみ参加している。日本語能力試験結果にバラツキはあるが、同じ授業を受講する学生であり、当活動実践に際し支障はなかった。

表1　リレー作文参加学生の基本情報

学生	A	B	C	D	E
学年	3年生	4年生	3年生	3年生	3年生
日本語学習時間	4年	5年	4年	3年	4年
日本語能力試験結果	なし	N1	N3	なし	N1
日本滞在経験	なし	なし	なし	研修2回	なし

　　　　リレー作文のトピックは、学生同士が候補を出し合い、話し合って決めた。また、学生の負担をできる限り軽減するため、執筆の順番も学生に決めてもらったが、1回目と

2回目で順番を変えるよう指示した。これは、文章構成の進め方を多角的な視点から経験することが役立つと判断したためである。配分時間は3章2.4でも説明しているように読む時間を考慮し、最初の学生と2番目の学生は15分、3番目の学生からは20分とした。そして、時間は厳守するよう指示した。これは、学生が決められた時間内に目的とする作業を完結させるという時間管理力を養うためである（National Council of Teachers of English & International Reading Association 2005）。

4 | 1回目に出来上がった作文

1回目のリレー作文は4名で行った。トピックは「あるサラリーマンの日課」である。下に、学生が作成した作文をそのまま転記した[2]。今回は、内容に矛盾がないことを目的としたため、日本語が不確かな表現についてはハングルで作成することを許可した。ハングル文字には日本語訳をカッコ内に加えた。

学生のリレー作文（1回目）

【学生A】
　俺の名は桜井誠（さくらいまこと）、ゲーム会社のプログラマーで就職してもう半年。ようやく会社に馴染むところだというのに、これがなんと。一月前に入った新人が俺の後輩として配属されてしまったのであった。まぁ、後輩が出来たのは嬉しいことだ。だが、この後輩ってやつは社会生活を全然したことがなかったうえに、何をやっても事故になる一方であってその後片付けをさせてしまう俺の立場というのは一体どうなるのか。
　太陽の光が優しく目に当たった。みんなにとっては爽やかな朝なはず、だが俺には心配で機嫌が悪い朝だった。それは、昨日後輩に託したある残業のせいであった。そんなに難しい仕事はないんだが、あの後輩のことだ。どうなるのかわからない。心配し過ぎてちょっと喘ぎ声が口から漏らしたが、独身だしだれも聞けやしない。俺は頭を손톱으로 긁으며（掻きながら）ベッドから離れた。簡単にパンとジャムで朝ごはん、歯を磨き髪を洗い準備をするともう8時半だった。やばい、電車に遅れるかも知れん。早く出て駅に向かわなきゃ。今日は走る！

【学生B】

　無事に電車に乗って間に合った。入りたくないけど仕事がたくさんあるからとぼとぼ入っていく。事務室に到着すると俺の机の上に何かがある。あれは何って思いながら見たらお手紙のお菓子があった。お手紙もあったんだけど名前が書いてない。でも内容を見てすぐ分かった。同期の高橋さんだ。お手紙の中にはいつもご苦労様。今日仕事終わってお酒飲みに行こうと書いてあった。高橋は俺と高校生の時から友達でいつも俺がお世話になっている。朝から心配ばかりだったのに、この手紙を見てちょっと落ち着いた。まずは後輩が残った仕事から処理しよう。その時、後輩が笑いながら来て先輩ご苦労様ですという。誰のせいで朝から仕事をするのを分からないはず。

【学生C】

　俺がいつも怒って悪い言葉まで使いながら叱るが後輩さんはいつも笑って学ぼうとする姿がとても気に入った。一方ではすまない気もするが成長のためには必要だと思ってるんだ、後輩さんが会社で認められるその日まで頑張ろう！今日は会社で契約したプログラムを点検する日だ。点検という作業はとても面倒ですが、安全性が結局信頼性であると考えるんだ。

【学生D】

　こんなに大事な過程にミスがあれば凄くヤバい。と、思ったとたん。課長が俺を呼んでいる。このバグはなんだ！っておっしゃっている。この部分はあの後輩のものだ。俺はパブロスの犬みたいにごめんなさいごめんなさいを言っている。怒られた後、後輩の席に行く。

　ついてこい！と言って非常階段で随分と叱ってやる。お前はもう生徒ではない。あんなに難しい仕事じゃなかった。勉強が足りない。本当にどこの会社でもありそうなセリフで、後輩を叱って俺は非常階段から出ていく。あ、そうだ。後輩のやつ、あの件は出来たかな。

　後輩がいるはずの非常階段に戻ったら。。後輩は泣いている。何で？？あんなに酷いことは言ってないのに。後輩も俺も慌てて互いにみつめる。いつもこう泣いてたんだろう。慌てる感情をおさめて後輩に言う。

　俺はお前が嫌いでこんなに怒るんじゃない。お前がゆがまないで立派に一人前になってほしいんた。落ち着いたら帰ってこい。

　また非常階段から出ていく。席に戻ってから10分ぐらいで後輩はいつものように笑わなくて真剣な顔でバグを直す。よかったと思って仕事を続ける。

　そして6時頃退勤の時間が来る。今日は高橋さんとお酒を飲むつもりで気分がいい。帰ろうと立ち上がったらまだ仕事をしている後輩が見える。一言で泣いて、一言で頑張れるんだ。長かったらいいな。と思って後輩の席に缶コーヒーを置いて会社から出る。今日は特に気分がいい。

　初めてのリレー作文だったが、最初の学生Ａが作文の中の主人公と状況設定をうまくまとめていたので、続く学生たちも大きく矛盾することなく内容を書きつなぎ文章を完成することができている。ただし、時間の制約という負担

1回目と2回目のリレー作文および小グループ活動の様子

があり、本人が書きたい内容で完成することができず残念だったという意見があった。また、最初の作文で文体が決まるため、統一性のある文体にすることがもっとも難しかったという声も聞かれた。

　作文作成後、学生同士で修正すべき部分について話し合わせた。ほとんどは文法的な部分と慣用表現などの話で、この時間を通して自らのミスについて再考しうる時間になったという肯定的な反応を見せた。また、順序を変えて、自分がその段落を書いたら、どのように変えるかについての意見を交わしストーリーに関する意見も交換した。この点については6節で詳しく扱う。

5 | 2回目に出来上がった作文

　1回目実施の翌月に2回目を実施した。参加者は新たに学生Eが加わり計5名で行った。トピックは「夢をかなえた人の自伝記」である。このトピックは1回目のリレー作文終了後に話し合いで決めている。修正を加える前の作文は、以下の通りである。

学生のリレー作文（2回目）

【学生D】
　俺の名前は大森聡（おおもりさとし）。俺は今日本のバレーボール国家体表として活動している。俺がバレーを始めたのは小学校5年の時、友達に誘われてやってみたバレー

はとても面白かった。背が高くないからレシーブばかりで、初心者だったからそれさえも上手くできなかったけど、偶然出来た一本のレシーブがとてもよかった。母に言ってバレーボールのチームに入り、バレーをやることになった。チームには俺より背の高い子供たちがたくさんいた。あの頃俺より背が高かった女の子にからかわれた。彼女の名前は宮野愛衣（みやのあい）。年は俺と同じで、いつも俺をからかう女の子だった。

【学生A】
　最初はすごく仲が悪かった。だって、チーム内でも背を意識している俺にとって背のことを言うのは喧嘩を売ってるのか？って思った。まぁ、最初の印象はね。でもあの頃は女子が男より成長が早いから、今になって思えばそんなにストレスになることまでもなかったって思う。でもおかげさまでモチベーションになった。毎日バレーボール以外の…背を高くする運動を探して始めることになったから。背だけじゃなくて、技術の方でもな。俺とあいつは、愛衣とは、すぐ一緒に運動したり、練習したりして互いを高めあう関係になった。
　そして小6の時、人生初めての大会。小さい地域大会だったけど、あの大会のことは忘れることができない。だって、初めての大会を負けたから。それも一点の差を逆転されてしまって、もう勝ったと思ったとたん負けてしまったから。悔しくて悔しくて、もう練習しか考えなくなったきっかけになったから。そして、一年後…俺は人生二回目の大会を向かった。

【学生C】
　俺の人生二回目の大会が始まった、一点の差を逆転されてしまった　昨年の試合を思い出すと　今回も同じことが行われるかと心配だと考えていた途端、宮野愛衣は緊張をしている俺の姿を見て笑いながら話した"今回の試合で優勝すれば 소원하나 들어줄께（お願いごとをひとつ聞いてあげるよ）"そうだ、"俺は君に聞きたい答えがあるんだよ"いよいよ笛の音が鳴り響いた。

【学生B】
　やっと始めた。初めての大会は緊張しすぎて自分の実力を発揮するのができなかったと思って、チーム員みんなでお互いに応援してくれた。でも相手は全国大会で準優勝をしたことがあるから全然緊張をしないのは難しかった。それでチームに迷惑をかけてないのを目指した。そうしたら1セット、2セットまで順調に勝った。もう3セットだけを残っていた。みんなで最後のフィードバックをして始まった。このセットを勝ったらうちのチームの勝ちだから、相手はもっと一生懸命しているのが見えた。これに負けなくてうちのチームのも頑張った結果、勝った。俺の人生で初めての勝ち。終わったとたん、愛衣を目で探してきた。

【学生E】
　観客席の一番前で応援してくれた愛衣は自分が勝ったように嬉しく笑っていた。こうして初めての勝利を手に入れたが、惜しくも優勝はできなかった。強いチームを勝って、すごく浮かれていたせいだったんだろう。決勝まで上がったんだが、準決勝まで上がったが、細かいミスを繰り返してしまい、3位になってしまった。
　落ち込んでいる俺を慰めながら愛衣は言った。「頑張ったんだけど残念だったね。それで、私に言いたがった願い事は何だったの？」

「……これからはからかわないで、こんな風に一緒に練習したり、お互いに応援しながら俺たち二人が国家代表になるように一緒に努力しようと言いたかったんだ。」
「ハハハ。なんだ、それなら言わなくてもそうするつもりだったの。」
　こうして、私と愛衣はお互いに応援し、苦しい時には頼りながら、一生懸命努力して立派に国家代表になることができた。

　このリレー作文では、1段落目を担当した学生Dの関心事であるバレーボールが取り上げられている。1回目のリレー作文の際、導入部分における状況設定の重要性に学生らは気づいているため、学生Dは主人公と状況設定を提示し、その後、時間の流れに沿って、それぞれの部分を完成させている。1回目同様に作文完成後に文法や内容上のエラーについて話し合う時間を設け、自分のミスなどを修正して、完成文を仕上げた。学生D以外の学生にとってはあまり馴染みのないスポーツであったため、戸惑う様子も見られたが、さまざまな表現を考えることができる、意味のあるトピックであったと考えられる。

6 アンケート調査結果

　今回の活動に対する意識と今後の授業に導入する際の補完事項を検証するため、リ（2020）の論文を参考にして活動後にアンケートを実施した。少人数で行われた活動であったことから、学生の率直な意見を聴取するため、すべての項目を記述式で実施した。以下、アンケートの質問1～7毎に主な回答を紹介し、考察を加える。

質問1：リレー作文が自分の日本語力の向上に役立つと思いますか。
回答1：実力の向上に役立つと思う。

　5名全員が上のように回答した。人数は多くなかったが、

リレー作文について肯定的な評価をしていることがわかる。

質問2：自分が書いた段落のポイントは何ですか。
回答1：主人公の設定や状況を提示することにポイントを
　　　　置いた。
回答2：一緒に成長して発展していくことができるストー
　　　　リーを作ってみようと思いました。
回答3：主人公の内的葛藤をうまく表現しようとしました。

　以上のような回答があった一方、日本語に注意を払った
といった回答はなかった。このことから、学生たちは日本
語の表現よりも、ストーリー性に重点を置いていたことが
うかがえる。そして、ストーリーに合う日本語表現を考え
ることで、新しい日本語表現を学ぶ機会にもなりえたと言
える。

質問3：友達の作文を読むことは役に立ちましたか。
回答1：役に立った。

　5名全員が上のように回答し、これに関しても肯定的な
評価をしていることがわかる。理由としては、以下のよう
な回答があった。

理由1：前の人が投げてくれた1つや2つの話から短時間
　　　　で書き上げたのを見てすごいと感じました。
理由2：友人が書いた文章表現を見てこう表現すればいい
　　　　んだなと思ってこれからもこのような表現をよく
　　　　活用することができそうです。

　友人からの学びが少なからずあったことがうかがえる。

質問４：友達のコメントは役に立ちましたか。
回答１：役に立った。

　５名全員が上のように回答し、理由としては、以下のような回答があった。

理由１：他の友人が私の文章を読んで修正してくれてとても助かりました。
理由２：友達のコメントもとても役に立ちましたが、私も友人のためにコメントしようと一生懸命日本語の表現を考えたのでむしろ私にも役立ったようです。

　友人による支援が、それに報いようとする意識や主体的学びを生じさせていることが見て取れる。

質問５：今回の活動に参加して感じた点を自由に書いてください。
回答１：まず、難しかった点は、普段の作文の仕方とは違って話の中で文章や単語を組み合わせなければならない環境であって、ビジネス用語を適切に使用して文章を構成することが大変でした。次に面白かったのは、誰もリレー作文の結果を予想することができなかったことです。また、書いてくれた段落を見て作文した人の考えや心理を類推することが興味深かったし、有益な時間だと思います。最後に、新たに感じたことは、自分の足りない文章要領でした。その状況に合う単語をどのように組み合わせて作文をしなければならないか、次はどのような方法で行わなければならないか…このような新たに感じた点が作文の実力向上の機会を与えてくれたと思います。

回答２：リレー作文が終わり、自分に足りない部分や惜し
　　　　かった部分をフィードバックしてもらって成長す
　　　　ることがいいと思われる。新たに感じた点は、こ
　　　　のようにともに１つの創作物を作る活動が非常に
　　　　面白く、想像力を刺激する活動になってすごく良
　　　　かったと思う。

　このような肯定的回答があった一方、慣れていない作文
方式に、困難を訴える下のような回答も見られた。

回答３：本当に難しかったです。順番が近づくにつれ震え
　　　　たり、どきどきしたりしました。私にとってシナ
　　　　リオを作るのは韓国語でもとても難しいんです
　　　　よ。日本語で書くし、時間もあまりなくて表現し
　　　　たい言葉もうまく出てきませんでした。
回答４：慣れていないスポーツ用語だから日本でもこの言
　　　　葉を使うのか？それとも、他の表現がいいのか？
　　　　分からないから辞書をひきながら時間内で書くの
　　　　は少し大変でした。一貫性のない文体と敬語やぞ
　　　　んざいな言葉が問題だと思う。最初に主人公の口
　　　　調に合わせなければならなかったので大変難しか
　　　　った。

質問６：今後リレー作文に取り上げてほしいトピックはあ
　　　　りますか。
回答１：多様な人物や動植物、物の立場から作文をしてみ
　　　　たい。
回答２：ある歌手の人生をトピックに、彼の人生を振り返
　　　　る話を書いてみたい。

　以上のような回答があった。今回の２つの作文は人物を

中心に事件が展開したストーリーであったが、今後は人物だけではなく、物などのさまざまな視点でリレー作文を試してみるのも有意義であると考えられる。

質問7：評価はどのようにするのが妥当だと思いますか。

回答1：もっとも公正に評価する方法は、文章が自然につながることがもっとも大切なので、もっとも自然につなげられたチームを投票で決定するのが良いと思います。その場合、1チームだけを選ぶ形だと1チームに集中する可能性があるので2、3チームを選ぶ方法で行うのが良さそうです。

回答2：リレーは前後をどんなにうまく続けても、本人の順番でうまく書けなければ崩れるドミノだと思います。協力することも、うまくつなげることも重要ですが、個人の実力も重要だと思うので、私なら、個人とチームの点数の割合を7：3、あるいは8：2として評価を行いたいと思います。

回答3：活動ごとに各チーム内でストーリー構成を最も自然に接続をしたチームメンバーに投票（日本語に自信がない学生は、韓国語で書いてもいいので日本語への負担より熱心に参加しようとする努力を見せること）。

　質問7は、実際の授業にリレー作文を導入する場合、評価される側の学生にとっては最も敏感な問題であり、学生がどのように考えているかを知ることは欠かせないと考え訊ねることとした。上のような意見があったが、従来の作文評価とは異なる評価基準が必要であるという点で、学生の意見は共通していると言える。

7 | おわりに──6つの提言

　本章ではリレー作文による教育実践を通し、学生のリレー作文への肯定的な認識の確認と意見を聴取することができた。これらをもとに、次のような点を採用ないし十分検討し、授業実践を行おうと考えている。

1. **作文トピックの決定方法**：学生がさまざまな分野の語彙や文型を習得でき、なおかつ日本語に自信のない学生の負担を軽減するため、学生同士、学生・教師間で十分話し合った上で決めるようにする。

2. **作文トピックに関する前作業**：トピックに関する基本的な語彙や文型を習得する時間を設けてからリレー作文を進める必要がある。教師が提示するだけでなく、グループ活動を通して、ともに関連語彙を調べる時間も設けて興味を誘発できる雰囲気を作ることも大事である。

3. **リレーの方法**：アンケートには「自分が思っていた方向に話が流れていかなくて残念で、もう一度書く機会が与えられたらこう直したい」という意見もあった。3章2.2で紹介されているような形式で、グループのメンバー全員が同時に同じトピックで書き始め、完成した作品を読み比べる時間を持つことも有効であると考えられる。

4. **文体を意識する活動**：アンケートでも言及されていたように、文体統一のための教育と連携して、敬語とくだけた表現などに対する理解の幅を広げ、これを実際の作文で十分活用できるように指導しなければならないと思われる。

5. **評価方法**：グループ活動の点数と個人の点数を分

離し、学生が納得できる基準を提示するとともに、毎回学生同士のクロス評価を実施し、もっとも熱心なチームメンバーを選定してボーナスポイントを与えるなど、互いを励ます雰囲気を作ることも重要であると考える。

6. 雰囲気づくり：学生にとっては文章を書くこと自体がややもすると大きな負担になることがある。まずはリラックスした雰囲気で文章を書くことができるように、学生の意見をできるだけ頻繁に聞きながら進めていく必要があるだろう。

　本章で示した教育実践活動は、リレー作文の韓国への導入のための概念整理、長所と短所などの把握に役立つものと考えている。リレー作文は協働学習を通じてともに成長し、1つの創作物を作ることができるという利点もあるが、本人の興味がないトピックの場合、学生の集中力が落ちるという欠点もある。また、授業に導入する場合には、学生に納得できる評価基準提示の必要性など解決すべき課題は多い。しかし、本章で示したように、作文においても協働学習が必要であり、リレー作文はその重要性と認識転換を自覚しうるきっかけになると思われる。さらに、本章での分析から得られた結果は、今後、実際の授業への導入の可能性を開き、リレー作文研究のための基礎資料となった点で意義がある。今回の教育実践をもとに、今後もさまざまな形式のリレー作文の実用的な導入と実践的提案に重点を置いて持続的に研究を進めていきたい。

　残念ながら、今回はリレー作文が協働学習能力・問題解決能力・コミュニケーション能力に及ぼす効果等については検証するに至らなかった。今後の重要な課題としたい。

注　　　　　［**1**］1996年から2010年に生まれた人々を指す。この時期はデジタル製
　　　　　　　品が多く作られるようになった頃である。彼らは全世界でインター
　　　　　　　ネットが広く使われはじめてから生まれたので、デジタルネイティブと
　　　　　　　も呼ばれている。
　　　　　　［**2**］作文や写真の論文等での使用は学生全員から許可を得ている。

参考文献　　　韓国教育部公式ブログ（2022）https://blog.naver.com/moeblog　（2022
　　　　　　　年2月19日参照）
　　　　　　　国際文化フォーラム（2013）『外国語学習のめやす―高等学校の中国語と
　　　　　　　韓国語教育からの提言』
　　　　　　　嶋津百代（2013）「日本語学習者の協働作成によるストーリー・ライティ
　　　　　　　ング―書き手と読み手の相互行為的な活動の考察」佐藤彰・秦かおり
　　　　　　　（編）『ナラティブ研究の最前線―人は語ることで何をなすのか』ひつ
　　　　　　　じ書房
　　　　　　　白以然（2014）「インターネット掲示板を利用した作文授業の試み」『日
　　　　　　　本語学研究』41, pp.69–82.　韓国日本語学会
　　　　　　　白以然（2017）「ブラックボードを活用した協働学習の実践」『日本語教
　　　　　　　育研究』38, pp.95–111.　韓国日語教育学会
　　　　　　　シン ウンジン（2020）「日本語授業デザインと実践―日本語作文授業を
　　　　　　　中心に」『人文科学研究論叢』41(2), pp.39–62.　明智大学校人文科
　　　　　　　学研究所
　　　　　　　ソン ミジョン（2012）「学習者中心に考察した効果的作文授業」『日語日
　　　　　　　文学研究』81, pp.153–170.　韓国日語日文学会
　　　　　　　チョ ナムソン（2016）「韓国における日本語作文研究と教育の現況」『日
　　　　　　　本語教育研究』36, pp.111–125.　韓国日語教育学会
　　　　　　　鄭恵先・坂口昌子（2001）「誤用分析にもとづく「ながら」と「면서」の
　　　　　　　比較―始点の用法と述語の持続性を中心に」『世界の日本語教育』11,
　　　　　　　pp.133–166.
　　　　　　　望月通子（2010）「韓国人学習者の日本語作文に見る「的」付き形容動詞
　　　　　　　の使用傾向と教育への提言―学習者コーパスと母語話者コーパスの比
　　　　　　　較を通して」『外国語教育研究』3, pp.1–16.
　　　　　　　リ ソンヒ（2015）「PBLを活用した‘日本語作文’授業」『日本近代学研
　　　　　　　究』47, pp.153–169.　韓国近代学会
　　　　　　　リ ソンヒ（2020）「協働学習の可能性と限界―日本語作文の授業の場合」
　　　　　　　『日本学』52, pp.343–371.　東国大学校日本学研究所
　　　　　　　National Council of Teachers of English (NCTE) & International Reading
　　　　　　　Association (IRA) (2005) *Collaborative Work Skills Rubric*. Retrieved
　　　　　　　October 1, 2021, from https://www.learningsciences.com/wp-content/
　　　　　　　uploads/2020/06/PA.resCCollaborative_Work_Skills_Rubric.pdf
　　　　　　　Zoom Video Communications, Inc. (2022) Retrieved March 1, 2022,
　　　　　　　from https://explore.zoom.us/ja/about/

第8章　【韓国・上級】授業実践に向けたパイロット・スタディ

第9章

【日本・上級】
プロジェクト型学習で語彙知識は
どう変化したか

野口 潔

1 はじめに

　　上級授業でのプロジェクト型学習（Project-Based Learning：
以下PBL）にリレー作文を採り入れた活動内容を紹介し、活
動によって学習者がどのような語彙を、どのように、どの
程度理解できるようになったのかについて、内容重視・主
体的行動・相互行為という3つの観点から分析・考察する。
そして、リレー作文を含むPBLが全学習者の語彙知識を量
的・質的に高めるのに寄与したことを議論する。最後に拡
張型活動理論（Engeström 1987: 1章2.2.2参照）にも触れる。

2 先行研究

　　多くの研究者（例えばLaufer 1990; McCarthy 1990; Foster &
Ohta 2005; 畑佐 2012）が指摘しているように、語彙力は他
者とのコミュニケーションを支障なく行うために必要不可
欠なものである。既に多くの文型・文法を習得している上
級学習者にとって、1つでも多く語彙知識を増やしていく
ことが日本語の能力を伸ばし、円滑なコミュニケーション
を持続させるための必須条件と言える。
　　プロジェクト型学習（PBL）については本書の3章3.2E.
で内容と主な学習効果を紹介しているが、教科書からは得

られないような語彙の知識が得られる点も重要な効果の1つと考えられる。Webb（2007）は、語彙を習得するにはその語彙が文脈上意味のある使われ方がなされていることが重要であると述べている。この点、PBLは内容重視の活動であり、語彙は文脈上意味のある使われ方をするため、語彙知識を増やす好機ととらえることができる。また、Liu & Hsiao（2002）は、PBLで実践されるような学習者の主体的行動が語彙習得を促進しうると述べており、内容重視と組み合わさることで、語彙習得のための相乗効果が期待できる。

　更に、今回PBLに取り入れるリレー作文（協働作文）にも語彙習得の効果が期待できる。Kim（2008）やShehadeh（2011）は、個人作文よりも相互行為を伴う協働作文によって、語彙習得が促進されたことを報告し、Donato（1988）の集団的足場（collective scaffolding：1章2.2.1参照）の考え方を支持してる。特に、相互行為の際に語彙の意味などについて話し合うこと（Language Related Episodes（LRE）；Swain & Lapkin 1995等）は、語彙を記憶に残しやすいと考えられている（Storch 2013）。ただし、Storchは、習得につながるLREは単に意味を教え合うといった「浅い」ものでなく、どのような文脈で使えるか、何といっしょに使えるかなどを話し合う「深い」ものだとしている。これは1章2.3で紹介したブルーム（1973）のTaxonomyの高次の思考に該当するものと考えられる。また、Storchは、習得につながる相互行為は協調的（collaborative）に行われることが望ましいとも述べている。高圧的態度で他者を支配しようとしたり、逆に消極的であったり、他人任せであったりすると学習効果はあまり期待できない。つまり、リレー作文等における相互行為が協調的に行われ、語彙の意味などについて「深い」話し合いがなされるならば、語彙知識は効果的に促進される可能性がある。

本実践では、プロジェクト型学習活動の流れを紹介した上で、上述したような観点（内容重視・主体的行動・相互行為）から、学習者の語彙知識の変化について考えたい。

3 | プロジェクト型学習（PBL）の実践

　本章で紹介するPBLでは、上級学習者6名が2つのグループに分かれ、学習者が話し合いで決めた目的達成のために、教室外で様々な人と交流しながら情報を収集した。そして、収集した情報を、リレー作文を通してスクリプトにまとめ、そのスクリプトをもとにビデオを作成し、YouTubeで一般公開した。

3.1　PBLの実践内容

　2018年秋学期（9月末から2019年1月末）に、日本の大学の日本語上級レベル集中コース（90分授業×10コマ×15週）の作文授業（週1コマ）でPBLを行った。担当教師は筆者である。コース全体の目標は、上級レベルにふさわしい日本語の4技能の実践的運用能力を身につけることで、様々なソースの情報を統合して自分のことばで内容を伝えられるように練習を積み重ねる。また、それぞれのテーマに関する異なる見方、考え方を理解し、それに対して自分なりの意見が表現できるようになることを目指す。

　PBLの課題はコースの目標に沿うもので、「人・文化・社会とつながりをもちながらグループで深く考えぬいたメッセージを、深く考えぬいたオリジナル作品（動画）を通してYouTubeで世界に発信する」である。

　学習者は6名（女子5名、男子1名）、Anna（イタリア）、Becky（アメリカ）、Cathy（イギリス）、Debby（ベラルーシ）、Elana（台湾）、Felix（イタリア）である（名前はいずれも仮名で（　）内は出身地）。学習者は授業数が週4コマの通

常コースを選ぶこともできたが、いずれも自ら集中コースを選択している。コースの担当教師6名全員が学習者全員の日本語の学習動機は高いと判断している。なお、本章に作文やYouTubeの内容・情報を掲載する許可は全学習者から書面をもって得ている。

　教室には各学習者用のコンピュータがありインターネットリソースには問題なくアクセスできる環境であった。

　図1に示したように、プロジェクトは【作品見本の提示→グループ分け→グループ別にテーマ・目的の設定→目的にむけた計画・準備→調査・資料収集→リレー作文によるスクリプトの作成→スクリプトをもとにした動画の作成→クラス発表→YouTubeからの発信】という流れで行った。

　初日（1週目）にプロジェクトの全体像を説明し、作品の見本を見てもらった。見本は、日本語で良いものが見つからなかったため、英語ではあるが日本語の字幕やスクリプトが付いているTED Talks（自分のアイデアや意見を発表するサイト：https://www.ted.com/talks?language=ja）のビデオを二本見てもらい、おおまかな作品のイメージをもってもらった。

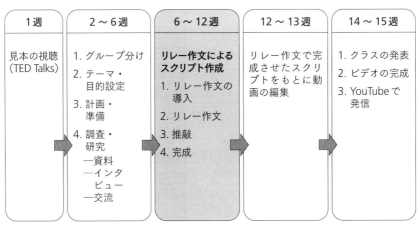

図1　プロジェクト型協働作文1学期の流れ

2週目のグループ分けは、同じ興味や目的をもった者同士のほうが人間関係がうまくいくとの先行研究（Li & Zhu 2017）を参考に行った。たまたま同じような興味をもつ学習者が3名ずつになったため、6名を2つのグループに分けた。Anna、Becky、Cathyのグループが「日本の風俗」、Debby、Elana、Felixが「日本のレジ袋（プラスチックゴミの問題）」をテーマとして選んだ（以下、便宜上2つのグループの前者を「風俗」、後者を「レジ袋」グループと呼ぶこととする）。「風俗」グループのプロジェクトの目的は日本の性風俗文化をできるだけ偏りなく伝えること、「レジ袋」グループの目的は日本のプラスチックゴミの問題と現状を把握し、プラスチックゴミを減らす努力をするよう訴えることである。

　目的を達成するために、学習者たちは情報の収集方法や役割分担などを話し合い、2週目から7週目までは主に授業時間外にインターネットでの情報検索や、様々な日本人へのインタビュー活動などを行い、必要な情報を集めた（5週目までの授業はプロジェクトとは関係のない別のテーマについて個人で作文を書き、ピアレスポンス活動などを行った）。情報がほぼ集められたことを確認した上で、6週目から12週目までの6週をかけて、リレー作文を行った。12週目以降完成までの動画編集は授業外活動として行い、2〜5週目と同様、授業では個人の作文、ピアレスポンス活動を行っている。

3.2　リレー作文

　ここでは6週目から12週目にかけて行ったリレー作文について紹介したい。活動は下記「活動の流れ」に沿って行った。リレー作文は、各学習者が教室のパソコンからインターネット上のGoogleドキュメントを共有して行った。全員が同時に書き始め、決められた時間が来たら別の

171

メンバーにリレーしていく方式で行い、人数分を書き上げた（3章2.2参照）。なお、Googleドキュメントの使用方法は学習者が既に熟知しており指導の必要はなかった。

【活動の流れ】
【6週目】
　①リレー作文に向けた活動（3章4.1：実践例の1日目参照）
　　（ア）4コマ漫画の内容予測。
　　（イ）ジグソー。
　②宿題：次週、リレーで短い物語を作成することを予告。今日読んだ物語や漫画を参考に書きたい内容を考えてくる。
【7週目】
　③プロジェクトとは関係のない短い物語をリレーで書く活動を実施。
　④出来上がった作品から最も良いもの選び、より良い作品に仕上げるクリティカルシンキング活動（3章4.2）を実施。
　⑤完成作品の提出。
　⑥6週目から本日（7週目）までの活動の振り返り。
　⑦宿題：来週（8週目に）今日と同じ要領で、つまりリレーで、プロジェクトのスクリプト（草稿）を人数分作成する。そのため、各自スクリプトに書きたい内容を準備してくること。
【8週目】
　⑧リレーでプロジェクトのスクリプト（草稿）を人数分作成。
　⑨宿題：来週（9週目）までにどの草稿が良いかを考えてくる。
【9週目〜12週目】
　⑩先週（8週目に）書いた草稿から一番良いものを選び、

選ばれなかった草稿の内容や新たな内容を加えたり不要箇所を削除したりなどを繰り返し、少しずつスクリプトを良いものにしていき（クリティカルシンキング活動）、完成させる。

上の6週目と7週目⑤までの活動の詳細は、3章4節を参照されたい。7週目⑦の宿題は、各自がスクリプトに書きたい内容を準備するため、他のメンバーは具体的には何をどう書くのかは分からない状態で8週目⑧のリレー活動に臨んだ。⑧では他者が書き始めたスクリプトの内容に矛盾が生じないように続きを書く必要があり、相当苦労している様子がうかがえた。

図2のスクリーンショットは実際に「レジ袋」グループが8週目に書き上げたスクリプトの全体像（名前は仮名に変更、文章の途中は省略してある）であるが、本論部分が未完成で、結論部分つまり3人目まで回すことはできていないことが分かる。「風俗」グループも似た状況であった。そのため、9週目には、8週目に書いたところまでの作品3つの中から1番良いものを選び、それをもとに、グループ全員で、最良のスクリプトを完成するための推敲作業、つまり、クリティカルシンキング活動に入った。授業でのクリティカルシンキング活動は12週目まで続け、完成作品を作り上げた。

両グループの完成版スクリプトは下記URLで閲覧可能となっている。

【完成版スクリプト：2グループ】
https://drive.google.com/drive/u/0/folders/1wl6DN1Noi4rJXUv4AzPmVqS8Mh3SFOhs

第9章 【日本・上級】プロジェクト型学習で語彙知識はどう変化したか

【スクリプト1】

Debby
今私たちの生活は大変便利になったが一方で廃棄物を大量に発生させ、地球温暖化などのさまざまな環境問題を引き起こしつつある。【中略】 平成26年度の処理費用を試算すると家庭ごみ分が7,585万円になる。だからレジ袋の減少の取り込みはその大変な状態を変えるたみに不可欠である。

Elana
問題の対策は、三つの方向から解決していくことが考えられる。一つ目は政府側である。【中略】 政府は大量の資金を持っているため、この目標を達成するためにさまざまなキャンペンを持ちたした方がよい。昔環境大臣を務めていた小池さん
"もったいない 風呂敷"

****

【スクリプト2】

Elana
日本の第一印象について外国人の旅行者に尋ねると、ごみ回収の仕方が細かいことだと答えた人が多い。【中略】 一人の日本人が毎年使っているビニル袋の平均数は200個以上のようだ。この問題を解決するために、どんな対策があるのか。

Felix
日本全国では、一年間にLLサイズのレジ袋が350億枚使用されていると推計されている。国民一人当たりでは、およそ300枚を使用していることになり、これは重さではおよそ3キロとなる。【中略】 海や山などの行楽地では，これが散乱ごみとなって環境に悪影響を与えるとともに，野生動物が誤飲して死ぬなどの被害が出ている。

****

【スクリプト3】

Felix
ゴミ処理はそれぞれの国で異なるが、世界中での目的が同じである。ゴミを減らせるための解決方法が多ければ多いほど人間だけでなく地球のためにいいと考えられる。【中略】 日本という国を主体にし、このような問題はどのように扱われているか、現状を把握するかが私たちの発表の目標である。

Debby
ーまず一般人はポリ袋を減少するために何ができるでしょう？
- エコバッグを使う
【中略】
- ランチは再使用可能なプラスチックフリーの容器に入れる
- 天然の生地や繊維を選ぶ
ー政府側は何ができるでしょう？

図2 「レジ袋」グループが8週目に書き上げたスクリプト

　　　完成動画は下記のURLで公開されている。タイトルの下に2021年8月10日時点での視聴状況を示した。「風俗」グループのメンバーはいずれも授業開始以前から日本の性

風俗に強い関心をもっていたせいもあり、完成された動画は、非常に質の高い作品となっている。オリジナルの音楽を交えながら、東京の主な性風俗街を回り、店員、客、働く女性などにインタビューをし、彼らの感想で締めくくっている。

　「レジ袋」グループのメンバーは動画編集に慣れた者がおらず、作成には苦労したようであるが及第点の作品を作り上げた。日本がいかにプラスチックゴミを大量に生み出しているかを述べ、レジ袋に関する店員とのやり取りなどを交え、プラスチックゴミを少しでも減らすよう呼び掛けている。スクリプトと動画についての詳しい分析と評価、学習者による振り返り等については別の機会に報告することとし、次節では、学習者の語彙知識について考えることとする。

【「風俗」グループ作品】
- ●YouTube URL: https://www.youtube.com/watch?v=-q8TcvGXePo
- ●タイトル「Beyond the Yellow Line 黄ら黄ら// Prostitution in Japan// 日本の風俗」
- ●2021年8月10日現在の状況：視聴26,176回、高評価469、低評価28、チャンネル登録約4万人、コメント55件

【「レジ袋」グループ作品】
- ●YouTubeURL: https://www.youtube.com/watch?v=TWBTrNq8bRk
- ●タイトル「美しい地球を守ろう〜レジ袋による日本のゴミ問題」
- ●2021年8月10日現在の状況：視聴55回、評価等はない

4 │ 語彙知識尺度（VKS）とインタビュー調査

　リレー作文を採り入れたPBLによって、学習者が理解できる語彙がどの程度変化したのかを明らかにするための調査を学期末に行った。なお、本章での語彙知識は、語彙の意味が分かる（漢字で書かれている場合は読めて意味が分かる）状態とし、その状態を言い表す際に「覚える」「忘れる」といった動詞を用いる。

　調査は、完成版スクリプトに使用された語彙を、計量テキスト分析ソフトKHコーダー（樋口2014）によって抽出・品詞分類し、4段階の語彙知識尺度（Vocabulary Knowledge Scale: Paribakht & Wesche 1997：以下VKS）とインタビューを用いて実施した。VKSは学習者自身が語彙知識を判断するため、主観的で信頼性が低いという欠点がある（Storch 2013）。そこで、今回はVKSの結果をもとに学習者個々にインタビューを実施し、結果の信頼性を確保した。

4.1　調査結果

　以下に示すデータは、添付資料も含め、すべてインタビュー実施後のVKS調査結果である。表1は、各学習者の各

表1　4段階語彙知識尺度（VKS）とインタビュー併用調査結果

尺度	尺度の内容	Anna	Becky	Cathy	Debby	Elana	Felix
1	プロジェクト用に自分で調べて使った語彙で、今は分かる	28 (6.0)	6 (1.3)	4 (0.9)	11 (3.5)	8 (2.5)	20 (6.3)
2	プロジェクト用に他のメンバーが使った語彙で、今は分かる	31 (6.7)	1 (0.2)	3 (0.6)	2 (0.6)	16 (5.0)	28 (8.8)
3	分からない・知らない・読めない・忘れたのいずれか	23 (5.0)	6 (1.3)	16 (3.5)	0 (0.0)	7 (2.2)	0 (0.0)
無印	プロジェクト前から知っていた	387 (83.6)	456 (98.5)	446 (96.3)	304 (95.9)	286 (90.2)	269 (84.9)
	異なり語総数	463			317		
	プロジェクト名	風俗			レジ袋		

尺度【1：プロジェクト用に自分で調べて使った語彙で、今は分かる、2：プロジェクト用に他のメンバーが使った語彙で、今は分かる、3：分からない・知らない・読めない・忘れたのいずれか、無印：プロジェクト前から知っていた】の回答数（各欄の上の数字）と異なり語総数に占める割合（各欄カッコ内の数字：単位は％）を示している。表1の尺度1〜3に該当する語彙すべてを品詞別に分類したリストは、本章末の添付資料（表2〜5）に掲載した。次項において、表1〜5に示した結果に見られるいくつかの特徴をとり上げ、考察を行うこととする。考察に際しては、9〜12週目にかけて行われた各グループの話し合いのトランスクリプトを適宜参照する。

4.2　考察

　本項では、スクリプトで使用された語彙に関して、語彙知識の変化の程度と語彙の特徴を明らかにし、内容重視・主体的行動・相互行為の観点からどのように語彙知識が変化したのか考察したい。

　まず、表1の尺度1と2の回答結果から、数の多少はあるものの学習者全員が語彙数を増やしていることが分かる。増加の程度については、学期当初語彙知識が他の学習者より少なかったAnnaとFelixの語彙数が異なり語総数の10％を超え、かなり増えている。逆にもともと語彙知識が豊富で、なおかつ日本の性風俗に以前から強い関心をもっていたBeckyがあまり語彙数を増やしていない。同じく語彙知識の増加が少なかったのはCathyだが、Beckyと異なるのは、覚えた語彙数に比べ覚えていない語彙数がかなり多い点である。この点については本項の最後に考えたい。

　次に、どのような語彙を覚えたかであるが、両グループともにサ変を含む名詞の数が圧倒的に多かった。意味的に

は、PBLのテーマと目的に関連した語彙が比較的多くみられる。例えば、表2「風俗」グループの【3）欲望【6）肉体【7）犯罪【26）男尊女卑【33）遊女】など、そして、表4「レジ袋」グループの【1）有料【3）海洋【20）容器【22）環境省【23）処理【26）削減【28）清掃【34）散乱【46）飛散【47）浮遊】などである。

　また、テーマや目的と直接関連しているわけではないが、学習者が赴いた現場で体験したことを描写するのに使われた語彙を覚えている。例えば、「風俗」グループは東京の性風俗街を歩き、店員に声をかけられ、アルバイト希望者を装って店の面接を受けている。その体験の様子を描写するために、表2の【9）違和感【21）心臓【34）路上【45）面接【62）録音】、表3の【9）近寄る【23）ブラブラ】などが使われ、それらの語彙を覚えている。

　では、どのようにこれらの語彙を覚えるに至ったのかを、まず、「内容重視」（Webb 2007）の観点から見てみたい。上の段落でとり上げたPBLのテーマや目的に関連した語彙は、単にスクリプトの文脈の中で意味のある使い方がされているだけでなく、テーマや目的と意味的に結びついている。このことが、使った本人だけでなく、それを見聞きした他のメンバーの知識にも残りやすかったと考えられる。

　「主体的行動」（Liu & Hsiao 2002）という点はどうであろうか。学習者は教室外で、PBLの目的を達成するため、様々な場所に赴き、様々な人と相互行為を繰り返している。上の、性風俗街での体験はその一例で、使われた語彙は、自らが体感したことを描写するために使われたもので、単なる意味のある文脈を超えている。学習者の体験が語彙を記憶に留める大きな要因になったと考えらえる。

　「相互行為」（Storch 2013他）はどうであろうか。表1をあらためて見てみると、全学習者とも、覚えた語彙には自

分で調べたものだけでなく、他のメンバーが使用したものが含まれ、その影響は十分に見て取れる。Annaの語彙には、自分で調べたものと同程度、他のメンバーが使ったものがある。数は少ないがCathyにも同じ傾向が見られる。ElanaとFelixに至っては、自分で調べたものよりも他のメンバーが使った語彙数のほうが上回っている。これは、Donato（1988）の言う集団的足場の効果を示していると言える。

　しかし、メンバーが使った語彙すべてが相互行為の末に得られた知識とまでは言い切れない。例えば、他のメンバーがスクリプトに使った語彙が分からない場合、自ら意味を調べたり、文脈から意味を推測したりすることがある。また、他のメンバーから知りえた語彙には、既に「内容重視」「主体的行動」という観点で取り上げたもの（表2【6】肉体】【9）違和感】、表4【34）散乱】【46）飛散】【47）浮遊】など）も少なくなく、相互行為の影響を推し量るのは難しい。

　そこで、参考になるのが9〜12週目に行われた学習者の話し合いである。話し合いを文字化したトランスクリプトの中から語彙に関する話し合い（LRE）を取り上げ、相互行為の影響を考えてみた。まず、「レジ袋」グループではElanaとFelixが、Debbyの使った語彙の読み方や意味が分からず、Debbyに尋ねる場合があった。表4の【12）行楽地】と【47）浮遊】である。Felixはこの両方の語彙を覚えていることから、LREの影響が考えられる。しかし、Elanaは【12）行楽地】を忘れてしまっている。Storch（2013）は、単に意味を尋ねるだけの「浅い」LREでは、語彙の知識を定着させるのには不十分であることを示唆しており、Elanaの場合、このケースに該当し、ブルーム（1973）のTaxonomyで言えば低次の思考活動であったのかもしれない。一方、意味を聞かれたDebbyは、日本語の同義語などを使って意味を説明している。意味を聞

第9章　【日本・上級】プロジェクト型学習で語彙知識はどう変化したか

かれたうちの【47】浮遊】は、Debby自身知らなかった
語彙で、プロジェクト用に調べたものである。その語彙の
意味を他者に日本語で説明するという行為は、比較的「深
い」LREであり、ブルームのTaxonomyでは単なる記憶
と理解を超えた高次の思考活動だと考えられる。そのよう
な思考活動がDebby自身の語彙の理解を深めたと考えら
れる。

　更に「深い」と思われるLREは「風俗」グループで一
度行われている。このLREでは、Beckyが「solution to
their desires」をどう訳せばいいかをAnna（当日Cathyは
欠席）に問いかけることから始まる。BeckyはAnnaの回
答を待つことなく、自分で「desires」の訳語、表2の【3】
欲望】を辞書で探し当て、「欲望が解決した」と言えるか
思案する。すると、Annaも辞書を調べ、「解決する」の
代わりに表3の【3】満たす】の可能性を示唆する。それ
を受けて、Beckyが辞書の「腹を満たす」「条件を満たす」
などの例を挙げ、2人で思案を始める。そして、抽象的表
現の「条件」が使えるのなら、「欲望を満たす」も言える
だろうという推論から結論に至っている。この話し合い
は、単に語彙の読み方や意味を問うのではなく使い方を2
人で思案しており、Storch（2013）が言う「深い」LREに
該当すると考えられる。更に、このLREで使われた【3】
欲望】と【3】満たす】は、その後AnnaとBeckyが相互
行為で何度か正しく使っている。つまり、この2つの語彙
は2人にとって理解できる語彙になっただけでなく、使え
る語彙にまでなっている（内化：1章2.2.1参照）。使い方を
思案するという「深い」LRE、ブルーム（1973）の高次の
思考活動が語彙を使用できるレベルまで引き上げるのに寄
与したと考えられる（Swain 1985）。

　この他に、LREではないが、相互行為の効果が考えられ
るのは、1人が相互行為の中で使用した語彙を別のメンバ

ーが別の文脈で使っているケースである。表2の【8）暗黙】【45）面接】【62）録音】、表3の【2）飽きる】、表4の【24）宣伝】がそれに当たる。これらの語彙は、相互行為の中で他者が使ったことで意味や使い方を学び、自ら別の文脈で使ってみて、他者に理解してもらえるかを試している（Swain 1985）。語彙の能力を使えるレベルにまで押し上げた別のケースと考えられる。

　次に、学習者の記憶に残らなかった語彙について考えたい。表2「風俗」グループの【29）馴染】【14）刑法】【28）道徳】、表3の【17）潔癖】などは、PBLのテーマや目的と意味的に多少関連しているように思えるが、3人全員ないし2人が忘れている。これらの語彙はいずれも文献の引用または日本人がインタビューで使用したもので、スクリプトでは1度だけ使用され、相互行為での使用は見当たらない。使用頻度の少なさが記憶に残らなかった主な理由ではないかと推察する。

　表2の【37）唇】はAnnaとBeckyが分からないと答えているが、これは漢字が判別できなかったケースである。グループの相互行為では、動画に「唇」の映像を印象的に使いたいということで何度も使われている。筆者との個人インタビューで「くちびる」と言うと、2人ともすぐ分かった。

　最後に、覚えた語彙数が比較的少なかった学習者Cathyについて考えたい。Cathyは比較的日本語能力が高く聡明な学習者で、語彙知識があまり増えていないのは意外であった。おそらく相互行為がCathyにとってはあまり協調的な（collaborative; Storch 2013）ものにならなかったからかもしれない。授業での相互行為は協調的に見えたが、授業外では他のメンバーとうまくいかないことがあり、一時的に学習意欲をなくしている。そのことが学期末の語彙知識に影響を及ぼした可能性が考えられる。

5 おわりに

　本章では、PBLの実践内容を紹介し、学習者の語彙知識がどのように変化したのかを考察した。語彙知識に関しては、全学習者が理解できる語彙の数を増やしており、全学習者が一定の利益を得たと言える。量だけでなく、質的利益も得ている。例えば、BeckyとDebbyは量的には語彙数をさほど増やしていないが、3.2で見たように「深い」LRE、つまり、高次の思考活動を行ったことで、語彙に関する知識を質的に高めたと考えられる。

　一方で、今回のPBLでは、学習者の1人が他のメンバーと仲たがいし、一時的にせよ学習意欲を失っている。拡張型活動理論（Engeström 1987）によれば、仲たがいの真の原因を探り、今後いかに対処していくべきかを模索することが個人ならびに学習者全体の成長につながるという。非常に重要な検討課題となった。

　なお、今回の語彙知識調査は、PBLで作成したスクリプトの語彙のみに限定したもので、しかも使えるようになったか否かは調査対象としていない。一部の語彙は使えることが判明したが、それは相互行為のトランスクリプトから偶然判明したにすぎない。参加した学習者数も6名と少なく、考察も3つの観点からのみ行い、その他の要因は考慮していない。何らかの一般的主張をするためには、今後のPBL活動において、運用能力も含む語彙知識調査を繰り返し行っていく必要がある。また、今回の3つの観点に限らず、母語の影響、個人差、興味、意欲、教室環境、文化、信条など様々な要因を考慮する必要もあるだろう。今後のPBL活動にむけての課題としたい。

参考文献

畑佐由紀子（2012）「第1部 語彙と習得 総論」畑佐一味・畑佐由紀子・百済正和・清水崇文（編）『第二言語習得研究と言語教育』pp.2–22. くろしお出版

樋口耕一（2014）『社会調査のための計量テキスト分析―内容分析の継承と発展を目指して』ナカニシヤ出版

ブルーム，B. S.・マドウス，G. F.・ヘスティングス，J. T.（梶田叡一他訳）（1973）『教育評価法ハンドブック―教科学習の形成的評価と総括的評価』第一法規出版

Donato, R. (1988) *Beyond group: A psycholinguistic rationale for collective activity in second-language learning.* Unpublished doctoral dissertation, University of Delaware, Newark.

Engeström, Y. (1987) *Learning by expanding: An activity-theoretical approach to developmental research.* Japanese translation version. Tokyo: Shinyosha. (Original version. Helsinki: Orienta-Konsultit.)

Foster, P., & Ohta, A. S. (2005) Negotiation for meaning and peer assistance in second language classrooms. *Applied Linguistics, 26*(3), pp.402–430.

Kim, Y. (2008) The contribution of collaborative and individual tasks to the acquisition of L2 vocabulary. *Modern Language Journal, 92*(1), pp.114–130.

Laufer, B. (1990) Why are some words more difficult than others? Some intralexical factors that affect the learning of words. *International Review of Applied Linguistics in Language Teaching, 28*(4), pp.293–308.

Li, M., & Zhu, W. (2017) Explaining dynamic interactions in wiki-based collaborative writing. *Language Learning & Technology, 21*(2), pp.96–120.

Liu, M., & Hsiao, Y. P. (2002) Middle school students as multimedia designers: A project-based learning approach. *Journal of Interactive Learning Research, 13*(4), pp.311–337.

McCarthy, M. (1990) *Vocabulary.* Oxford, UK: Oxford University Press.

Paribakht, T. S., & Wesche, M. (1997) Vocabulary enhancement activities and reading for meaning in second language vocabulary development. In J. Coady & T. Huckin (Eds.), *Second language vocabulary acquisition: A rationale for pedagogy* (pp.174–200). Cambridge: Cambridge University Press.

Shehadeh, A. (2011) Effects and student perceptions of collaborative writing in L2. *Journal of Second Language Writing, 20*(4), pp.286–305.

Storch, N. (2013) *Collaborative writing in L2 classrooms.* Bristol, UK: Multilingual Matters.

Swain, M. (1985) Communicative competence: Some rules of

第9章 【日本・上級】プロジェクト型学習で語彙知識はどう変化したか

comprehensible input and comprehensible output in its development. In S. Gass & C. Madden (Eds.), *Input in second language acquisition* (pp.235–253). Rowley, MA: Newbury House.

Swain, M., & Lapkin, S. (1995) Problems in output and the cognitive processes they generate: A step towards second language learning. *Applied Linguistics, 16*(3), pp.371–391.

Webb, S. (2007) The effects of repetition on vocabulary knowledge. *Applied Linguistics, 28*(1), pp.46–65.

添付資料

4段階語彙知識尺度（VKS）とインタビュー併用調査結果（品詞別・語彙別）

＊表2～5について

（1）表上部見出しにある品詞名の下の数字はスクリプトで使用された異なり語総数。

（2）表上部見出しのローマ字は下の通り学習者の名前の頭文字。

A ＝ Anna, B ＝ Becky, C ＝ Cathy, D ＝ Debby, E ＝ Elana, F ＝ Felix

（3）表中の数字等の意味

1 ＝プロジェクト用に自分で調べて使った語彙で今は分かる。

2 ＝プロジェクト用に他のメンバーが使った語彙で今は分かる。

3 ＝［分からない・知らない・読めない・忘れた］のいずれか。

空欄（数字なし）＝プロジェクト前から知っていた。

表2 「風俗」グループ（名詞・サ変名詞）

名詞 176	A	B	C	サ変名詞 74	A	B	C
1）風俗	1			39）強調			1
2）背景	1			40）性行為	2		
3）欲望	2	1		41）解放			1
4）業界	2			42）全焼	1		3
5）顧客	2			43）組織		2	
6）肉体	2			44）防止	2		
7）犯罪	1			45）面接	2		
8）暗黙	2	1		46）一見	3		
9）違和感	2			47）援助	1		
10）火事	1			48）解除	1		
11）感想	1			49）興奮	2	3	
12）観点	2		3	50）警衛	3		3
13）苦痛	2			51）貢献	1		
14）刑法	3		3	52）再建	1	1	
15）行き場	3			53）整理	1		
16）合法			3	54）接触	1		
17）座敷	3		2	55）設定	1		
18）市役所	1			56）抵抗	3		
19）自尊心	3		3	57）肥大	3		3
20）社交	3			58）布告	2		3
21）心臓	1			59）無視	2		
22）税金	1			60）抑制	1		
23）善良	3	1	1	61）流行	3		
24）尊厳	2		3	62）録音	2		
25）太政官	2		3				
26）男尊女卑	2	1					
27）同僚	2						
28）道徳	3		3				
29）馴染	3	3	3				
30）表紙			1				
31）偏見	1						
32）満員	2						
33）遊女	1	1					
34）路上	2						
35）震災	1						
36）滋賀	1		3				
37）唇	3	3					
38）つみ	1						

表3 「風俗」グループ（動詞・副詞・形容動詞）

動詞 126	A	B	C
1）歩き回る	2		
2）飽きる	2		
3）満たす	1		
4）扱える	1		
5）稼ぐ	1		
6）害する	3		
7）噛み合う	2	3	
8）曲がる	3		
9）近寄る	2		
10）重んじる	2		
11）打ち上げる	2		
12）貰う			2
13）乱す	3		
14）流れる	1		
15）誑かす	3		3
16）いいよる	3		3

形容動詞 30	A	B	C
17）潔癖	3	3	3
18）皮肉	3		
19）原始的	2		

副詞 41	A	B	C
20）以降	1		
21）一切	2		
22）ズラリ	2		
23）ブラブラ	1		
24）思う存分	3		
25）ようやく	2		

表4 「レジ袋」グループ（名詞・サ変名詞）

名詞 112	D	E	F	サ変名詞 65	D	E	F
1）有料		1	1	23）処理			1
2）区民	1		2	24）宣伝			2
3）海洋		1		25）減量		2	
4）現状			1	26）削減			1
5）手法		2	2	27）自慢			1
6）一般人			1	28）清掃		1	1
7）海底		3	2	29）廃棄			1
8）義務付け			2	30）分解			2
9）景品			1	31）運動		2	
10）経費		2		32）換算		2	1
11）顧客	1			33）競合		2	1
12）行楽地		3	2	34）散乱	1	2	2
13）講座	1		1	35）試算		3	1
14）仕組み		2	1	36）辞退			1
15）#人当たり			2	37）収集		1	
16）戦略			2	38）小売		1	2
17）素案		3	2	39）審議	1		2
18）多額			2	40）節電	2	2	1
19）文献		1		41）堆積	1	3	2
20）容器		2	1	42）痛感	1	3	2
21）溜まり場	1	2	2	43）特定			2
22）環境省	2		2	44）把握			1
				45）発信	1		2
				46）飛散	1	2	2
				47）浮遊	1	2	2
				48）保全	1	3	

表5 「レジ袋」グループ（動詞・副詞・形容動詞）

動詞 69	D	E	F	副詞 38	D	E	F
1）引き起こす			2	9）一切			2
2）引き継ぐ			1	10）およそ			1
3）およぶ			2				

形容動詞 21	D	E	F
5）慎重			2
6）切実		1	2
7）多量			2
8）不可欠		2	

第10章

【日本・上級＋母語話者】
ナラトロジーの観点から直示表現と
焦点化効果の分析
授受表現・「〜ていく」「〜てくる」を中心に

田邊 和子

1 はじめに

　　本章は、日本語母語話者と日本語上級コース学習者によるリレー作文で作成された文章を、ナラトロジー（Narratology ＝物語論）の観点から考察した結果報告である。日本語母語話者と日本語学習者の組み合わせでリレー作文を行うことの目的は、作文のクラスの多くの場合は、日本語学習者と教師という、作文を作成する者とそれを添削する者という二者対立的な関係において行われることが多いことに対して、リレー作文では、協働作文（collaborative writing: Storch 2013: 3）という学習者間の協働作業により1つの作品を仕上げる試みによって、作成の過程に適度の緊張感をもたらす効果を期待したからである。このStorchの思想の背景となっている1つが、Vygotsky（1986）の社会文化化理論による最近接領域（ZPD）での足場をかけてもらう（Scaffolding）という概念である（1章2.2.1参照）。

　　1人で作文を書く時は、例えば、気乗りのしないときは、手を抜いて書いたとしても、個人の活動として終了してしまう。しかし、日本語母語話者との協働作業となると、「あまり恥ずかしいものは、書けない」という責任感が日本語学習者の心理として働く（第1部 理論編参照）。これは、学習者に1文、1文を丁寧に自分の持っている力を

結集し、吟味して書いてほしいという指導者としての期待から考え出した形態である。この形態は、毎回の作文の日本語クラスにおいて実行することは非常に難しいが、半期に1〜2度程度の実行は可能であるし、また、その1〜2度だけでも十分な教育的効果は期待できると思う。

　本章では、特に、どの作中人物の視点が語りのパースペクティブ（「視点」の選択）を方向づけているのかという「焦点化」をテーマに、リレー作文の連続性と不連続性を分析したいと思う。これは、どれほど日本語学習者が日本語母語話者の書いた部分から焦点化を認識し、自分の段落においても継承し次の段落へと送るかという点、また、最後の段落担当においては、第1・第2段落での焦点化を用いて物語がまとめられているか、ということが分析のポイントとなる。3段落全体の統一性と物語としての展開に貢献しているかという観点で日本語母語話者の書いた部分と日本語学習者の書いた部分の比較をし、全体の流れにおいて、同一人物が書いたかのような自然さと統一性があるか考察するのである。分析の方法は、ジュネット（1985）の叙法（Mood）の観点に拠った。

2 ｜ 先行研究

　福沢（2015）は、「表現主体」というテーマにおいて言語の特徴を分析している。福沢は、ここで、「作者」「語り手」「主人公」の区別を論じ、日本文学の古典や近代小説まで視野にいれて、三者の立場からの視点とジュネットの焦点化の問題を関係づけている（p.51）。

　言語教育の分野では、Hyland（2016: 174）がジャンル（genre）と作文（writing）についての関係についても詳しい研究を行っていて、作文教育に関しては、物語（Narrative：a story or a description of a series of events（Cambridge

Dictionary 2022)) を創作する南オーストラリアの学校のカリキュラムを紹介している。

　外国語教育における物語の文章分析の研究としては、L1とL2それぞれのクラスにおいて、構文の複雑さ、文法的正確さ、流暢さと文章全体のまとまりから評価した研究がZhang (2018) によって行われている。また、Pavenko (2006) も外国語クラス及び第2言語教育クラスにおいて物語る能力（Narrative Competence）についての分析を行っている。

3 ナラトロジー（物語論）による分析の視点——焦点化

　本章でのリレー作文の分析の方法は、ジュネット（1985）の叙法（Mood）の中のパースペクティブという観点から行うことにした。

　パースペクティブというのは、「視点」の選択と考えてよいだろう。物語の語り手がどのような視点に立って、読み手に語っているかということである。すなわち、どの作中人物の視点が語りのパースペクティブを方向づけているのか、ということをテーマに分析をした。

　ジュネット（1985: 221）は、焦点化（focalization）という「抽象度の高い術語」を採用し、①全知の語り手による物語言説（語り手は作中人物よりも多くのことを語る）、②語り手＝作中人物（語り手はある作中人物が知っていることしか語らない）、③語り手＜作中人物（語り手は作中人物が知っていることよりも少なくしか語らない）という3項からなる類型論を提示している。

　①においては、日本の昔話のように、語り手の存在が明確で、語り手がすべての登場人物について作中人物より多くのことを知っているタイプである。

　②は、日記のように、ある一人の作中人物の視点からす

べてが語られるタイプである。

　③は、語り手の存在は認識できるのだが、語り手が物語の進行係のような役割はしない。

　本章では、このような焦点化における三種の類型を踏まえて、日本語母語話者と日本語学習者との作中人物の視点の置き方を比較し、段落を超えて継承されているのか、考察したい。

　具体的な分析の視点としては、「～てあげる」「～てくれる」などの授受表現の使い方を取り上げたいと思う。授受表現は、人称意識の的確な判断が問われる項目である。語り手と主人公、また、主人公をめぐる脇役たちの位置づけが一貫性をもって語られているかということが、ナラトロジーにおける文章の完成度を反映していると考えたからだ。

　また、焦点化を補助する役割をなす場面の映し出し方として、「～ていく」「～てくる」にも着目したい。これらは、いずれも日本語の直示表現に関するもので、カメラのように、設定された位置からのzoom inとzoom outに似た効果がある。

　なお、ジュネットは、「誰が見ているのか」と「誰が語っているのか」は、別な問題だとしていることを参考にして、先に挙げた授受表現については、「語っている」視点として、そして、直示表現については「見ている」視点として分析をすることにした。

　日本語学習者がどれほど日本語母語話者との協働作業を意識しているか、その結果、リレー作文全体の統一性の維持に貢献できているかを本章のテーマとしたい。

　リレー作文では、執筆者が実際には段落ごとに代わっているが、これをどれほど読者に感じさせないでいられるか、全段落の視点の一貫性が自然に守られているかが文章構成力の重要な基準となると考えるからだ。以上のような理由により、分析の対象としたのは、日本語学習者が日本語母

語話者から引き継いで書いている、日本語学習者が第二段落と第三段落を担当している作文にしぼり、第一段落作成のリレー作文に関しては、今回は分析の対象から外した。

4 | 学習者と母語話者によるリレー作文の概要

4.1 調査対象者

本章におけるリレー作文の参加者は、日本語母語話者が2人（以下「日本人A・日本人B」とする）、日本語学習者が2人（以下「学習者A・学習者B」とする）、計4人であった。学習者A・Bはいずれも日本の大学の4年生で日本文学科に所属する中国人留学生である。日本語のレベルは上級である。両名とも5年にわたる本リレー作文研究の中で、過去に2度他の日本語学習者と一緒に書いた経験がある。参考までに2人の1年次のリレー作文を章末の参考資料1と2に記した。一方、日本人Aは学習者A・Bと同じ大学に通う学生であり、日本人Bは、40代の日本人女性である。日本人A・Bとも過去において1度、留学生とともにリレー作文を作成した経験がある。作成された文等の本章での使用許可は全員から書面をもって得ている。

4.2 調査時期と調査形式

調査は、2021年1月に対面で行った。まず、学習者Aと日本人AとB、計3人でグループを作り、大体10分〜20分でそれぞれ1段落書き上げるように指示した。3人が1段落ずつ書き足しながら、次の人へ回すので、同時に3つの物語を作成することになり、約45分から50分ぐらいで3つの物語を完成させた。2度目は学習者Bと日本人AとBで、同じ作業を行った。作文作成過程の途中で、次の書き手に渡す際に、わかりづらい表現や文法的に不明確な点などについては、相互に確かめ合うことは認めた。

5 | リレー作文の例と考察

　本節では、学習者AとBそれぞれが参加し完成させた文章を2例ずつ計4例提示する。分析にかかわる表現には各例文内に番号とグレーのハイライトを付した。その上で同じ表現は例文の下にも番号順に提示し分析を行った。

5.1　日本人A・Bと学習者Aの場合

　例1は日本人2人と学習者Aが作成した。学習者Aが第2段落を執筆している。

例1　学習者Aが第2段落を執筆

【第1段落　日本人A】

　めぐみは、駆け出しのファッションデザイナーです。父親の厳しい反対を押し切って上京し、専門学校で一生懸命勉強しました。そして、一か月後には、初めてもらった仕事である、ファッションショーが迫っています。しかしめぐみは、デザインの締め切りがあと3日という状況にもかかわらず、なかなか納得のいくデザインを決められずにいました。「う〜ん、納得いかない・・もっと工夫しなければ・・・」そう思っためぐみは、(1) 応援してくれている母親に電話をかけました。しかし、母親は、電話口でこう告げました。「めぐみちゃん、あのね、お父さん最近体調が悪いのよ」

【第2段落　学習者A】

　めぐみは、お父さんの体調が悪くて、入院したことを聞いて、身はまるで冬の川に落とした（ママ）ように寒くなってしまいました。これは、めぐみにとって信じられないことです。だって、お父さんは、いつも体を（ママ）丈夫な人です。なかなかめぐみの(2) へんじをもらなかった（ママ）お母さんは、ちょっと不満になりました。「めぐみ、聞いている？お父さんの症状は危ないです。だから、(3) あなたを（ママ）実家に戻り（ママ）ほしいです。」今のめぐみは迷いました。自分の出世したばかりの事業である一方で（ママ）、重体のおとうさん。機会も大事ですが、お父さんの病気も重要です。めぐみは、人生最大の道路（ママ）を選ばなければならないです。

【第3段落　日本人B】

　めぐみは、悩みました。入院するほど体調を崩しているとは。気になる。とにかく自分の目で確かめないことには、判断できないと考え、「とりあえず、今週末お父さんの様子を見に(4) そっちへ戻るよ」と、電話の向こうの母親に応えました。週末、(5) 実家に戻ると母親は大喜びでめぐみを出迎えました。「待ってたのよ。めぐみちゃん」と喜び、くつろぐようすすめる母親をかわして、すぐに父の入院する病院へ向かいました。久しぶりに会った父は、少しやせたような感じでしたが、いつもと変わらない笑顔でめぐみを(6) 出迎えてくれました。私が、ファッションデザイナーの道を選んだ時

に、(7) 応援しておくりだしてくれた時と同じ笑顔です。この笑顔のためにもとにか
く1か月、仕事に集中して成功させよう。それから今後のことを考えても遅くないとめ
ぐみは確信しました。

◆全体考察

　本リレー作文では、第一段落において主人公の父親の病
気という「問題」が設定され、第二段落を引き継いだ学習
者Aは、主人公「めぐみ」の内面的葛藤も描写し、キャリ
アか、家族かの選択の間で悩む主人公の姿を映し出すこと
に成功している。また、家に戻ってほしいという一心であ
る母親の心の内も表現しようとしている点において、第二
段落としての物語の展開の責任は十分果たせていると判断
してよいだろう。

◆焦点化考察（下線部分は筆者による訂正箇所であることを意
　味する。コロン右は執筆者[1]）
　（1）応援してくれている母親：日本人A
　（2）へんじをもら<u>え</u>なかった：学習者A
　（3）あなた<u>に</u>実家に<u>戻って</u>ほしいです：学習者A
　（4）そっちへ戻るよ：日本人B
　（5）実家に戻る：日本人B
　（6）出迎えてくれました：日本人B
　（7）応援しておくりだしてくれた：日本人B

　このリレー作文で、まず、大きな特徴として認められた
のが、日本人が2人とも（1）（6）（7）において授受表現
「〜てくれる」を使用している点である。主人公を中心に
おいて、他の登場人物からなんらかの恩恵が主人公に与え
られたことを示すものであって、主人公の存在を浮き出た
せ、注目させる効果があると思う。同時に、両親のめぐみ

への愛情もこの授受表現の採用によって伝わってくる。このように授受表現が文脈において主人公の焦点化に生かされていることは、今回の形式において明らかになった点である。特に「〜てくれる」については、一人称にかかわるものとして、ジュネットの焦点化の理論の実践的考察の手がかりとして非常に有効だと思う。

　これに対して、日本語学習者は、(2)「もらう」表現を母親の立場からの視点で使っている。このように主人公以外の人物を主体にして授受表現を使う例は、日本人だけでリレー作文を作成した時にも認められたので、文法的にも、ナラトロジー的見地においても誤りということではないと思う。しかし、その使用の適切さという点においては、この場面であえて主人公ではない母親の利益に関しての授受表現を使う必要があったかという点は検討すべき価値があると考える。あえて、母親に視点を移すと、母親のイライラした気持ちが明確に表現できるが、あくまで主人公への焦点化を維持するのなら、「めぐみは、すぐにはへんじをしなかった（できなかった）。」というめぐみの行動の表現にした方が、内面的焦点化の維持としては適切であるのではないかと考える。日本人ならばあえて、ここに母を主体とした授受表現は用いないのではないのだろうか[2]。

例2　学習者Ａが第3段落を執筆

【第1段落　日本人B】
　午前中から海で遊び疲れたみかとまゆは、砂浜でお城を作ることにしました。大きなお城を作ろうと決め、まずは、土台を作り始めました。「私、お水汲んでくるね」とみかが、小さなバケツを抱えて海の方へ向かいました。みかは、ひざまで、海に浸り、ざぶんと海水をバケツいっぱいすくいました。一気に重くなったバケツを両手で持ち、ヨイショ、ヨイショと (1) まゆのところまで戻りました。水は、バケツの半分くらいまで減っていました。運んでいる間にこぼれてしまったようです。「えーっ、全然足りないよー」とまゆが不機嫌そうな顔になりました。重いのに一生懸命運んだみかは、悔しくなり、「じゃあ、まゆ運んでよ。重くて大変なんだから」と言いました。するとまゆは、「ムリ。だって私、お城作らなくちゃいけないから」とそっぽを向きなが

ら言います。わたしだって水運びよりお城を作りたいのに……と泣きそうになりながら、みかは辺りを見回しました。

【第2段落　日本人A】

　するとみかは、海面の一か所が、突然盛り上がったのを発見しました。みかやまゆと同じぐらいの大きさで、黒色をした「何か」は、海面を移動し、ゆっくりこちらへ(2) 近づいてきました。「まゆ！　見て！何かいる！」みかに揺さぶられたまゆは、不機嫌そうな顔をしたまま、ゆっくり海を見ました。しかし、すぐに驚いた顔をしています。「あれは！海坊主だよ！」「海坊主？」「知らないの！？海にいる妖怪だよ。船を襲うんだよ！」まゆは、焦って逃げようとしました。でも、みかは、気が付きました。「よく見て、あの海坊主、なんだか両手を広げているように見えるよ！私たちとあそびたいのかなぁ」

【第3段落　学習者A】

　みかは、大胆な子だった。すぐ、海坊主にあいさつした。まゆは、みかの様（ママ）を見ったら（ママ）、「何をやっているのか？バカ、あれは妖怪だぞ！」「でも、妖怪は、悪いばかり奴（ママ）じゃないよね。こんな親しいあいさつして、遊びを誘うの（ママ）妖怪は初めてだよ。」まゆは、その様子を見て、心配して、また (3) みかのもとに戻った。この時、海が突然道を開けた（ママ）。これは、(4) きっと海坊主の仕業だ。「いっしょに行こう！」みかは、こう言いながら、(5) 前に歩いた（ママ）。「待って！」まゆは、みかの手をつなごうとしたとき、海が一瞬閉じた。みかの姿はなくなった。まゆはまだ気を緩めたことが無いようだ、ずっと海をにらんでいる。妖怪が姿を消えた（ママ）、どこでも（ママ）見えない。まるで夢みたい……。(6) だから、知らない人と遊ぶのはいけないことである。

◆全体考察

　　第一段落、第二段落ともに日本人による構成で、いわば「2人主人公」の物語である。2人の心理描写を織り交ぜながら、物語が展開されている。2人の人物を全く平等に焦点化しながら物語を進めているのは、大きな特徴であろう。語り手は、カメラマンでもあり、2人の振る舞いを映像に撮るように語っている。日本人によって設定されたこの2人主人公の特徴を生かしながら、これを学習者Aは、引き継いで最終段落でも2人主人公パースペクティブを実行しようとしている。物語として収拾する段落の役割を十分意識して物語の結末づくりを図っている。しかし、焦点化においてもカメラ視点においても多少の混乱、非一貫性

が認められる。まず、第一に文体が第一及び第二段落の敬体を引き継いでいない、非常に基本的な点であり、大学1年生の時から注意を促していたのだが、そこまで配慮する余裕がなかったのだろう[3]。

◆焦点化考察
　（1）まゆのところまで戻りました：日本人B
　（2）近づいてきました：日本人A
　（3）みかのもとに戻った：学習者A
　（4）きっと海坊主の仕業だ：学習者A
　（5）前に歩いた：学習者A
　（6）だから、知らない人と遊ぶのはいけないことである：学習者A

　日本人学生の書いた第一段落（2）「近づいてきました」は、まさに第3節でのべた「分析の視点」における話題の焦点化、カメラアングルとしてのzoom in表現である。読み手の注意を喚起し、話題と主人公を近接させる効果がある。これから、何かが起こるだろうという予告をして読み手に期待をさせるのである。
　学習者Aの書いた第三段落には、（3）「みかのもとに戻った」とあるが、これは第一段落の日本人Bが（1）「まゆのところまで戻りました」と書いたことに影響されていると推察されるが、（1）では、最初に2人で砂を掘っている場面があるから「戻った」が成立するのだが、第三段落の「戻った」を使うには、事前の状況設定が不十分である。「みか」と「まゆ」が一緒に行動する記述がないためである。動詞「戻る」の意味理解が不十分である。
　最終的には、この2人主人公は、まゆが残ることによって、主人公の焦点は、まゆとなっている。また、（4）（6）と教訓めいた言葉が書かれているが、これは、場面の外の

語り手の発言であり、第一段落・第二段落の設定からは、逸脱した視点である。何かを結論付けたいという気持ちの表れだが、この作文のパースペクティブの観点からは、適切さに欠ける表現である。

（5）「前に歩いた」は、おそらく「前の方に出て行った」という表現が意図するものに近いと考えるが、このように今視点が置かれているところ、場面の中心から離れたり近づいたりする移動の表現は、学習者にとっては難しいのではないかと推察する。同様の誤りは学習者Bの過去の作文にも見られる（参考資料2）。

5.2　日本人A・Bと学習者Bの場合

例3は第1、3段落を日本人が、第2段落を学習者Bが執筆したものである。

例3　学習者Aが第2段落を執筆

【第1段落　日本人A】
　日本のあるところに、有名なスイカ農家があります。その家の長は、5代目の次郎です。4代目である父親が老後を海外で過ごすことにきめたため、スイカの生産は、やめてしまうことになっていたのですが、スイカが大好きな次郎は、23歳という若さで後を継ぐことにしました。しかし、幼い頃から畑にはでていたものの、スイカの生産については何も知らない次郎。勉強のために時間を費やしていれば、畑が衰えてだめになってしまいます。そんな状態から、次郎は、一体どのようにスイカ作りを再開したのでしょうか。また、どうして有名なスイカ農家になることができたのでしょうか。その秘密を探ることにしましょう。

【第2段落　学習者B】
　勉強とスイカ作りの両立できないことを悩んだ次郎は、別の有名なスイカ農家の家に訪れることにしました。訪れた（ママ）有名なスイカ農家は太郎といいます。(1) 太郎はとても親切な人で、次郎にアドバイスをしてあげました。「有名なスイカ農家になるため、勉強することが大事なので、あなたはまず勉強に集中してください。あなたの畑は、わたしにまかせてください。あなたの勉強が終わったら、自分でスイカを作ってください。」こうして次郎は、勉強に集中するようになりました。2か月後、次郎は、よりよいスイカの作り方がわかりました。まず、スイカの種を選ぶのは大事であります。元気な種は、いいスイカに育てられます。次郎と（ママ）太郎に相談して、スイカの種を買いに行きました。

【第3段落　日本人B】
　スイカ作りの勉強に2か月間集中したことで、ある程度の自信は、あったもののやはり実践は、別物でした。種選びすら自分一人ではまだ満足にできないことを次郎は思い知らされました。種選びの後も、スイカの成長過程の中で、次郎が悩み行き詰った時、(2) 太郎は手を差しのべてくれました。そんな時、太郎は決して押し付けるのではなく、次郎の考えをじっくりと聞き、そして、解決のヒントやきっかけを次郎にそっと(3) 示してくれるのでした。そのお蔭で、次郎は、勉強で得た知識をゆっくり着実に深めながら様々なことを吸収していくことができたのです。なぜ作り方をそのまま教えることはなく、考えさせたのか、太郎にたずねたところ、太郎も、次郎の父から同じように作り方を学んだと知りました。考え抜くからこそ、その知識・技術は、自分の血となり肉となるのだと。父からの教えを太郎を通して、受け、有名スイカ農家になることができたのです。

◆全体考察

　本作文は、第一段落での課題提起として人生における困難と悩み・迷いの設定を受けて、第二段落を連体修飾節「勉強とスイカ作りが両立できないことを悩んだ次郎」とパラフレーズして始めた学習者Bの日本語の技術は、日本の大学最終学年として十分なものであると評価できる。そして、第二段落において、主人公の次郎の悩みを「時間」と「勉強」というテーマに絞って物語を発展させ、2か月後という時間経過も含めて、具体的エピソードを入れていく点は、ナラトロジーの観点からも、日本語学習者としてのハンディを感じさせない。

◆焦点化考察

　(1) 太郎はとても親切な人で、次郎にアドバイスをしてあげました：学習者B
　(2) 太郎は手を差しのべてくれました：日本人B
　(3) 示してくれるのでした：日本人B

　本リレー作文は、授受表現の利用の判断について、学習者Bと日本人Bの顕著な違いを表わしている。学習者Bに

よる（1）「次郎にアドバイスをしてあげました」の「あげました」の使用は、この文脈においては、明らかに焦点化の点からみると、不適切である。主人公である次郎に焦点化が行われているにもかかわらず、この「あげました」では、太郎に焦点化が行われている文になっているからだ。この日本語学習者は、単文レベルでの事実の伝達という観点から、本文は、正しい使用という理解をしているであろうが、物語文において、この一文は、明らかに焦点化の統一性から逸脱している。まさに、文脈を考える材料としては、示唆に富む「誤用」であると思う。（2）（3）において、日本人Bは「～てくれる」を焦点化表現として使用している。本論文では取り上げなかったが、日本人のみによるリレー作文でも最終段落に「～てくれる」表現を使用し、話の結末をまとめ上げる文が認められた。主人公と周りの登場人物の関係を授受表現によって、明確化できるという効果があり、最終段落で特に結末を示すには、効果的なのであろう。そして、（2）（3）は、太郎の深い配慮を受けている主人公次郎の姿を浮き彫りにすることによって、次郎が「成功」へ導かれていく必然性のようなものを表現する手段として用いられている。次郎のハッピーエンドについて読み手を納得させる過程である。

例4　学習者Bが第3段落を執筆

【第1段落　日本人D】
　ある涼しい夜、ベランダからぼうっと外をながめていたちひろは、明るい光が森の方角へ（1）落ちてゆくのに気が付きました。一瞬の出来事だったので、夢かと思い、となりで同じくぼうっとながめていたお兄ちゃんに「ねぇ、今、光ってるのが何か森に落ちたよね？お兄ちゃん見えた？」とたずねました。「うん、見えた！！」お兄ちゃんは手すりにつかまって身をのり出しながら森の方を見ていました。「あれ、何だろう？お星さまかなぁ」「UFOだったりして。宇宙人が乗ってるかも！」「ちひろ、明日一緒に見に行ってみよう！」とお兄ちゃんが言いました。ちひろは、UFOだったらこわいけれど、お星様なら見たいなと思い、「うん、明日見に行こう」と答えました。

第10章　【日本・上級＋母語話者】ナラトロジーの観点から直示表現と焦点化効果の分析

【第2段落　日本人C】
　夜が明けて、太陽の光が差し込む時間になりました。森に落ちた光の正体が気になって仕方がなかったちひろとお兄ちゃんは、家の誰よりも早く目を覚まし、こっそり森へ向かいました。「ね、ね、UFOかなぁ、お星さまかなぁ」ちひろはワクワクした様子で尋ねます。
「僕はUFOがいいなぁ。僕が宇宙人と話した最初の地球人になるんだ！」とお兄ちゃんは答えます。森の中を歩く間ずっと、2人はUFOかお星様について会話に花を咲かせていました。そうしてしばらく歩いていたのですが、「わぁ！」「すごい！」2人は、同時に声を挙げました。木々の間から、眩い光が漏れています。そして、さらに奥には、何だかトゲトゲした大きな乗り物と、対照的に小さな人型のシルエットが見えます。「ね、やっぱりUFOだよ！」「ううん、私が思っていた通り、お星さまだよ！　トゲトゲしているもの！」2人は同時に駆け出し、光の正体をよく見ようと、(2) 近づいていきました。

【第3段落　学習者B】
　「あああ、すごい！！！」ちひろとお兄ちゃんは叫んでいました。大きな乗り物から、次々に小さな宇宙人が (3) おりって（ママ）きました。全部6人でした。遠く見ると彼らは、人型と似ていましたが、近く見るとぜんぜん違いました。〇〇の顔でエルフのような鋭いみみがついています。尾もあります。ちひろとお兄ちゃんの叫びを聞いた宇宙人たちは、ちょうど (4) ちひろとお兄ちゃんの方向を見てきました。「お兄ちゃん、お兄ちゃんどうする。緊張するわ」とちひろは、お兄ちゃんに話しました。「わたしも緊張するよ」とお兄ちゃんは答えました。2人の話し中、宇宙人たちはもう眼の前に現れました。「緊張しなくてもいいよ。私たちは、旅行しに来ただけですよ」と宇宙人が (5) 話を掛けました（ママ）。その後、ちひろ兄弟は、宇宙人たちとたくさんの話しました（ママ）。実は、宇宙人たちは、毎年地球に旅行しに来ます。このことを知っていたちひろとお兄ちゃんは、宇宙人たちと約束して、来年も合う（ママ）ことにしました。

◆全体考察
　冒険物語として完成度の高い作文となっている。ジュネット分類で①と考えてよいだろう。日本語学習者が第三段落を担当しているが、最終段落としては、物語を上手にまとめ上げていると思う。物語の終結としては、ほぼ日本人と同様の想像力を獲得し、表現には、間違いがあるものの、読み手を楽しませる、納得させることのできる第三段落が書き上げられていると思った。

◆焦点化考察
（1）落ちてゆくのに気が付きました：日本人B

（2）近づいていきました：日本人A
（3）<u>降りてきました</u>：学習者B
（4）ちひろとお兄ちゃんの方向を見て来ました：学習者B
（5）話を掛けました：学習者B

　（1）においては、登場人物描写ではないが、「（星が）落ちてゆく」と「ゆく」を使うことで、これからの話の展開場面への誘導効果がある。遠い夜空を読み手が想像できる。日本語の表現力の養成という課題として考えられるべき点でないか。
　（2）「〜近づいていきました」は、画面の焦点の絞り込みzoom in効果ともいうべき、物語の盛り上げ方としての効果がある使い方である。2人の登場人物の行動力や積極性も感じられる。
　（3）〜（5）は、学習者Bによって書かれたものであるが、学習者としては、この直示表現に果敢に挑戦していると思う。（3）「降りてきました（改訂）」は、その採用の仕方としては適切である。自らの考えで、この表現をこの状況説明に使用できるということは、相当な日本語力が習得できていると推察できる。ただし、次の（4）「ちひろとお兄ちゃんの方向を見てきました」は、「〜方向に顔（目）を向けました」か「方向を見ました」でも十分である。そこに「〜てきました」を使ったのは不適切な場面化であり、「〜てきました」はどのようなときに使用すべきかという配慮が十分働いていないことも示唆している。動詞「見る」との組み合わせ「見てくる」が、他の場所で何かを見て、現在は、主人公のいる場所に存在するといった意味に理解されることの説明が必要だろう。この「〜てくる」の判断が十分でない証拠として（5）の「話を掛けました」が挙げられる。（5）は「話し掛けて来ました」と

「〜てきました」を使って宇宙人と主人公を結び付け、主人公を焦点化する必要があるが、それが学習者Bには認識できていない。このように、「〜てくる」の使い方の難しさは、協働リレー作文によって非常に明確になった。

5.3　ナラトロジー分析のまとめ

　以上のように、本論文では日本人と日本語学習者による協働リレー作文をナラトロジーの観点から、直示表現と授受表現の焦点化との繋がりについて分析してきた。また、直示表現「〜ていく」「〜てくる」が、カメラアングルの効果を担う点にも注目した。例1〜4で使用されているこれらの表現を焦点化表現として、使用者と表現の関係を表1にまとめてみた。

表1　焦点化表現の使用実態

	日本人A	日本人B	学習者A	学習者B
〜てくれる	○	○　複数回		
〜てもらう			○／？	
〜てあげる				＊
〜ていく	○	○		
〜てくる	○			○／＊
〜に戻る		○	＊	

○正しい使用、＊誤用、？やや不自然

　授受表現について、日本語母語話者は、言うまでもなく「〜てくれる」を適切に使用し物語の主人公を焦点化している。一方、学習者は「〜てくれる」の使用が求められる文脈で「〜てあげる」を使用するなどし、焦点化が適切になされていないところも見られた。このことから、学習者の授受表現の文脈中における使用は、日本語教育においての課題といえるのではないだろうか。

　直示表現の場合、学習者による「〜てくる」の不安定な使用が認められた。日常生活でも「〜てくる」表現を使う

場面は多いが、学習者にはこのカメラのzoom in効果は、不慣れであることが推察できる。

　「戻る」については、意味論的理解、元々存在したところに帰っていくという点がわかっていても正確には使えない難しさが窺えた。

　このように日本語母語話者とのリレー作文を通し、日本語学習者が使いこなせていない焦点化のための表現が示唆された。

6 おわりに

　本実践では、日本語母語話者と日本語学習者の協働作業の環境を整えることで、学習者に適度の緊張感をもって作文作成に臨めるよう工夫した。本章で紹介したような母語話者2人に対して学習者1人という組み合わせでリレー作文を何度も実施するのは難しいかもしれないが、一度でもそのもたらす効果は大きいと考える。リレー作文が完成すると互いに読み合うのだが、日本語学習者は自分の書いた途中の段落がどのような結末を迎えるのか非常に気になって、日本語母語話者の書いた文章を食い入るように読む光景は、ほぼすべてのリレー作文の場面に見られた。ここに、教師と学習者という上下の関係ではなく、日本語母語話者と学習者の対等な関係でリレー作文を行うことの意義があると思う。

　リレー作文後のインタビューで、学習者は「確かに疲れたが貴重な経験をした」という感想を述べている。また、数年にわたったリレー作文の実践において、自分の書く力が着実に進歩している確信を得ることができたという感想もあった。1年ごとに、母語話者の書いたものを受け止める余裕を自分の中に見出すことができたのだと推察する。

　ナラトロジーの観点からは、日本語教育における基本的

文型といわれるものが、物語の展開において非常に重要な焦点化の表現に使われていることが判明し、中級・上級においては、基本文型の文脈の中での機能を改めて指導し、学習者に確認・練習していく必要性を明らかにしたと思う。中上級のシラバス作成において「基本文型の文脈構成機能」を盛り込むことを、本章の結論として提言したい。

注

[1] 下線部分とコロン右の情報は以下すべての文例に共通する。

[2] 栗原・中浜（2010）は日本語を学ぶ韓国人と中国人の視点を比較して、韓国人の視点は日本語母語話者と同じで登場人物に視座を置いている（焦点化している）のに対し、中国人は視座を固定しない（焦点化が一定しない）ということを母語の影響としている。

[3] クック峰岸治子（2013）「言語社会化理論における指標研究と第二言語習得」（第24回第二言語習得研究会（JASLA）全国大会基調講演）によると文体区別の習得は上級になって進むとされている。

参考文献

栗原由華・中浜優子（2010）「ストーリー構築における視点─日本語母語話者と上級日本語学習者との比較から」南雅彦（編）『言語学と日本語教育VI』pp.141–156. くろしお出版

ジュネット，ジェラール（花輪光共訳）（1985）『物語のディスクール』水声社

福沢将樹（2015）『ナラトロジーの言語学─表現主体の多層性』ひつじ書房

Cambridge Dictionary (2022) Retrieved March 18, 2022, from https://dictionary.cambridge.org/ja/dictionary/english/narrative

Hyland, K. (2016) *Teaching and researching writing.* New York: Routledge.

Pavlenko, A. (2006) Narrative competence in a second language. In H. Byrnes, H. Weger-Guntharp, & K. Sprang (Eds.), *Educating for advanced foreign language capacities: Constructs, curriculum, instruction, assessment* (pp.105–117). Washington, DC: Georgetown University Press.

Storch, N. (2013) Collaborative writing in L2 classrooms. Bristol, UK: Multilingual Matters.

Vygotsky, L. S. (1986) *Thought and language.* Cambridge, MA: MIT Press.

Zhang, M. (2018) Collaborative writing in the EFL classroom: The effects of L1 and L2 use. *System, 76,* pp.1–12.

参考資料

　下記のリレー作文は、学習者ＡとＢが１年生の時に書いたリレー作文である。全体的に中級中期ぐらいのレベルの文章力であると判断でき、本文の例と比較すると４年間の成長ぶりが把握できる。学習者Ａ・Ｂが第三段落を担当している作文を掲載した。

参考資料1　2018年調査　最終段落が学習者Ａによって書かれている

　　私はゆみです。二丁目のパン屋で（ママ）住んでいる猫です。今はこの店の店長あすかさんと二人で店の上の部屋で（ママ）住んでいます。私の仕事は、店の（　　　　）のとなりに、街で歩くとを見たり、店に来る人と遊んだり、ただそれだけです。店のむこうでは、喫茶店があります。その喫茶店の窓側では、いつも同じな（ママ）人が座っています。メガネをかけて、髪が少し長く、イクメンとは言えませんが、いつも笑顔をかけていてさわなかな（ママ）人です。毎日の朝から、その席を（ママ）座り、パソコンを使っています。残念ながら、のぞって（ママ）見たことがありますが、人間の文字がわからないので、何をかいているのは（ママ）知りません。
　　彼は、毎日３時に喫茶店から出て、この店にパンを買いに来ます。毎日も（ママ）優しく挨拶をしてくれます。しかし、彼は私のために店にくる（ママ）ではなく、あすかさんのためです。

　　明日香さんはわたしのことをとてもかわいがってくれますが、誰に対しても優しい人です。また、パン屋の仕事は、朝早くからせっせと働かなければなりません。彼女はとても働きものです。そんなあすかさんを彼は、好ましく思っているのだと思います。毎日３時に来る彼のことをあすかさんも気にかけるようになっていました。

【最終段落　学習者Ａ】
　　わたしは、とても不愉快です。明日香さんはこういう人を（ママ）うばわれるなんで（ママ）、思ったら、腹が立つ！「あすかさんは、私のひとです！絶対わたさない！」って、脅威の音をだした。「どうしたの」優しいあすかは、私に聞きながら、私にさわっています。
　　とても気持ちいいよ！あすかさんは最高だ！わたしはこの男を殺したい！！

　学習者Ａは物語を収束させることができずに猫の感情表現で終わっている。「猫」の独白形式は継承できているが、他人の書いた前２つの段落をまとめ上げて、１つの物語として収束する配慮とそれを表現する日本語力が不足していることがわかる。

うだるような、夏の暑い日だった。せみのにぎやかな鳴き声が、いつも以上にいらつかせる。もうずっと「強」で動き続けている扇風機の風も効かなくなってきた。
　「あー、もう限界。無理！！」タカシは勢いよく、勉強中のイスから立ち上がり、部屋をとび出した。階段をかけおり、外にとび出すと、「ラッキー、いくよ！」と、同じく暑さでぐったりしていたラッキーに声をかけた。行先は決めていない。とにかくここではない場所に逃げ出したかった。自転車にまたがると、ラッキーと一緒に、勢いよく走り始めた。頬にあたる風が心地よい。扇風機とは大違いだ。
　ラッキーは、少し時間の早い散歩と思ったのか、嬉しそうに走ってついてくる。
　しかし、思った以上に強い日差しだ。「うーん、どうしよう。どこへ行こう。家には帰りたくない。勉強ももううんざりだ。とりあえずいつもの散歩コースを走りながら、タカシはもう迷い始めていた。

　しばらく走っているとラッキーが急にいつもの散歩コースではない道へ走りだした。「ラッキー、ちょっと待ってくれよ！」タカシの声にみむきもせず、ラッキーは走りつづける。タカシは必死にラッキーをおいかけた。
　「ワン！ワン！」とラッキーはほえ、走るのをやめた。ラッキーがたちどまった場所は暗い森の入口であった。暗い森の入口を前にタカシが立ちつくしていると、ラッキーはどんどん森へ向かって歩きだしてしまった。仕方がなくタカシも森の中へ入っていった。森のなかにはさっきまでの暑さがどこへ行ってしまったのか、冷たい氷のような空気が流れていった。

【最終段落　学習者Ｂ】
　その空気を感じたタカシは、だんだん落ちつきました。ラッキーを探し続けている途中に、ラッキーがどこかから急に出て来ました。ラッキーはほえながら、道を導くように前にゆっくり歩いています。タカシがラッキーのうしろに進んでいます。しばらく、タカシの目の前に大きな川が表われました。なるほど、ラッキーは、森の中で、川があることが知っています。

　学習者Ａの例と比較すると、学習者Ｂによる第三段落は、第一・第二段落との内容が継続されていて、一貫性は比較的保たれている。しかし、第三段落の物語を帰結させる役割を十分遂行できているとは判断できない。アスペクト表現：「だんだん落ちつきました」、基本的助詞：「川があることが知っています」や、通過動詞に伴う助詞「を」：「前に歩いています」など基本的文法力がまだ十分でなく、特に移動の表現が難しいことが窺える。また、前２つの段落の文体が常体であることの継承ができていないことから、リレー作文を書く時の前の段落への配慮が不足していることがわかる。

第11章

【日本・日本語教師／日本語教師志望者】リレー作文の可能性を拓く
多彩な学びのあり方

嶋津 百代

1 リレー作文、その後

　　筆者はかつて韓国の大学の日本語作文クラスで、リレー作文を採り入れた授業活動を行い、嶋津（2013）でその活動内容と具体的な実践の過程を報告している。この授業活動は、学習者が3人1組になり、リレー式に1つのストーリーを創作することを通して物語構造を理解し、日本語の作文力の向上を図る試みであった。さらに、自分のパートを書くやいなや、その文章を読んでくれる読み手が目の前にいることで、書く行為の対象となる存在を学習者に意識させることも活動の目的であった。このストーリー・ライティングの活動は、結果的に、書き手と読み手の相互行為的な現象に支えられていることが明らかになった。

　　その後、現在の勤務校に着任してからは、外国人留学生対象の日本語教育に留まらず、将来日本語教師を目指している学生のための日本語教師養成を中心とした教育活動や、現職日本語教師を対象とした教師研修の実践活動にも、3人でストーリーを協働作成するリレー作文を採り入れている。例えば、日本語教師養成課程を履修している実習生には、授業活動の1つとしてリレー作文を体験し、リレー式に協働で作文を創作する際の楽しさや難しさを、学習者の目線で感じてもらうことを目的としている。また、

現職日本語教師に対しては、リレー作文の形式を応用した活動を通して、他者の視点に立ちながら自分の内省にアプローチし、何らかの気づきが促されることを期待している。

リレー作文の具体的な内容や方法については、嶋津（2013）や本書の他章を参照いただくとして、ここでは、リレー作文を体験した教育実習生や現職日本語教師の気づきから、リレー作文が与えてくれる多彩な学びのあり方を考えたい。

2 | 作文学習を超えていく学びのあり方

日本語学習者によるリレー式ストーリー・ライティングの過程を微視的に分析した嶋津（2013）では、間テクスト性（Bakhtin 1986）の観点から、学習者が「他者のテクストに何を読み取り、何を契機にストーリーを組み立てていくのか」を考察した。作成されたストーリーを観察すると、どの学習者も担当するパートの前後やストーリー全体の構成を念頭に置き、ストーリーの文体や内容の一貫性を維持しようと努めていたことが窺える。また、ストーリー・ライティング活動後の学習者によるフィードバックにも、学習者がそれぞれのパートにおいて文を創作する際に、後に続く書き手（同時に読み手）に対して具体的な配慮を意識していたことも見てとれた。

嶋津（2013）の考察は、これまで筆者が行ってきた、どのリレー作文の活動においても同様に生じており、活動の参加者の誰もが指摘する点である。言い換えれば、1つのストーリーを協働で完成させるという目的を達成するために、他の参加者の立場を思いやり、相手の行動に考えを巡らせた上で、自分の行動を決定するということが主体的に起こる。例えば、ストーリーの書き出しでは、次の書き手

のために、ストーリーの設定や方向づけを明確に書いておくことを試みたり、2つ目のパートを担当する際には、最後の書き手のために、話を完結させないで余地を残しておくよう努めたりしている。

　このように、リレー式に行うストーリー・ライティングの活動では、作文力の向上が見込める学習だけでなく、活動を通して他者の立場を想像し、思いやり、行動するという基本的なコミュニケーションに関する学びも生じていると言ってもよいであろう。さらに言えば、ストーリーを引き継ぎ紡いでいく作業を通して、他者の視点から物事を捉えるという経験も得られるようである。

　それらの点について、日本語教師養成課程の授業活動において、また現職日本語教師対象のリカレント教育研修において行ったストーリー・ライティング活動に対する参加者の気づきを紹介したい。

　まず、日本語教師を目指している実習生Ｗさんの振り返りレポートから抜粋する。

　　私たちが行ったストーリー・ライティング活動は、別の人が書いた物語に沿って話をつないでいく。第二部や第三部では、他人が書いた文章をもとに一つのストーリーとしてまとまりを持たせつつ、新たな文章を書き加えていくのだが、他人の物語を尊重しながら想像力をフルに働かせなければならない。内容や言葉遣いなどから、「相手」が何を伝えようとしているのか、どのようなことを感じているのかを推測すること、ここに本活動の目的があるのではないかと思う。この活動では、自分を中心として話を進めるのではなく、相手が書いた文章を踏まえ、相手の「一人称」視点に立って筆を進めることが求められる。　　　　（Ｗさん）

211

Ｗさんは、想像力を働かせ、他者の物語＝視点に立ち、現実を眺め世界を捉えることを、ストーリー・ライティング活動の目的として見出してくれている。このことは、ストーリーを受け継いで紡いでいくという活動を通して、他者とのコミュニケーションの取り方や他者との関係性の構築、あるいは他者との距離感の獲得などが経験できる可能性を示唆している。

　Ｗさん同様に、日本語学校の現職日本語教師であるＹさんも、ストーリー・ライティング活動後のフォローアップ・インタビューで、他者の物語＝視点について、以下のように触れている。

　　　今までに経験したことのないような感じでした。活動
　　　自体が初めて経験するっていうこともありますけど、
　　　文体も違えば、使う言葉も違えば、それを書くスタン
　　　スというか、立ち位置も違う他の人が書いた物語の切
　　　れ端を、自分が読む。誰かが書いたものを読む、とい
　　　うことはいつもしていることだけれども、自分がその
　　　人の気持ちと溶け合うというか、その人の気持ちだけ
　　　ど、自分の気持ちでもあるもの。それを書いていく
　　　と、不思議だけど、その人の気持ちがこう、すっと入
　　　ってきます。擬似体験のような、その人の気持ちが勝
　　　手に入ってくるっていう感じ。でも、自分の表現した
　　　いものも一応あるので、そことそれを、どう自分の言
　　　葉で表現していけるかっていうところの兼ね合いとい
　　　うか、その人の気持ちとの擦り合わせは必要でした。
　　　　　　　　　　　　　　　　　　　　　　　　　（Ｙさん）

　誰かが書いた文を読むことは日常的に行っているが、ストーリー・ライティング活動で他の参加者が書いたものを読むことは、通常の読解作業とは異なる。参加者には、ス

トーリーの続きを書くというミッションが与えられているため、書かれたテクスト内容を単に理解するだけではなく、より深く、より主体的に、その書き手の視点を獲得しようとする。

　しかしながら、テクストから他者の視点を獲得するのは、容易なことではない。Ｙさんが述べているように、テクストから伝わってくる他者の気持ちを感覚的に体験できたとしても、その他者の視点と自分自身の視点との折り合いをつけて表現していくことが必要となる。

　このように、リレー式に作成するストーリー・ライティングの活動は、参加者に重層的な学びをもたらす。日本語学習者の作文力の向上を目指すストーリー・ライティングの活動と異なり、日本語教育実習生や現職日本語教師がこの活動を行う場合は、メタ的な認知プロセスが活性化されている。リレー式に読み・書く活動そのものが、自分とは異なる観点を取り入れ、自らの視野を拡張させる起爆剤として機能していると言えよう。

3 あらゆる学びに向けて

　リレー作文を採り入れたストーリー・ライティング活動は、参加者や活動の目的、ストーリーのトピックなどが異なれば、活動の過程での学びのあり方も多様にある。この章では、日本語教師養成や現職日本語教師研修におけるリレー作文の活動を取り上げ、（1）他者の立場を想像し、思いやり、行動するという基本的なコミュニケーションに関する学びや、（2）他者の視点から物事を捉えるという経験について紹介した。

　最後に、リレー作文のさらなる可能性について一言述べておきたい。

　先述のＹさんが説明していたように、リレー式ストーリ

ー・ライティングの活動において、他者のストーリー文から読み解いた「その時その場」の「その人」の感情が、自分の持てる表現と異なる場合に、何らかの衝突が起こることもある。その際に他者の気持ちと自分の表現との擦り合わせが必要であったとYさんは述べていたが、そのような内なる衝突をコントロールして、所与の文脈に適切なアウトプットができるようになることも、リレー作文の活動を通して培えるリテラシーの1つであると考える。

参考文献　嶋津百代（2013）「日本語学習者の協働作成によるストーリー・ライティング―書き手と読み手の相互行為的な活動の考察」佐藤彰・秦かおり（編）『ナラティブ研究の最前線―人は語ることで何をなすのか』pp.85–106.　ひつじ書房

Bakhtin, M. M. (1986) *Speech genres and other late essays*. University of Texas Press.

[執筆者]（＊は編者）

野口潔＊　のぐち・きよし
上智大学言語教育研究センター常勤講師。ニューヨーク大学大学院
教育学修士。ジョージタウン大学大学院言語学博士課程コースワー
ク修了（ABD）。ジョージタウン大学東アジア言語学科専任講師を
経て現職。論文に「初級修了レベル学習者が体験談を「固まり」で
語る授業実践報告—意味的範疇「問題・解決・評価」とストーリー
マップを使った指導の試みとその評価」（2021年、*Journal CAJLE*、
pp.114–142）、著書に『College Skills』（2003年、三恵社、単著）など
がある。

大須賀茂＊　おおすか・しげる
アメリカ合衆国ニュージャージー州シートン・ホール大学言語・文
学・文化学部教授。博士（教育学）。ハワイ大学大学院教育学部教育
学科博士課程修了。ハワイ大学非常勤講師、西ワシントン大学客員
助教授を経て現職。国際バカロレア（IB）プログラム主任試験官
（Language A）、AP日本語採点委員（QL）、SAT日本語試験問題作成
委員などを歴任。著書として *Japanese for Healthcare Professionals*
（2018年、Tuttle Publication、単著）などがある。

田邊和子　たなべ・かずこ
日本女子大学文学部日本文学科教授。筑波大学大学院修士（国際学）、
明海大学大学院博士（応用言語学）。東京国際大学留学生別科講師、オー
クランド大学日本語科非常勤講師を経て現職。論文に、「「でいら
っしゃる／おられる」の使用における混合研究法による分析」（2022
年、『国文目白』第61号、共著）、"Analysis of the transmission of
reference honorific in the Japanese household"（2017年、
Proceedings of Methods XVI. PETER LANG）などがある。

嶋津百代 しまづ・ももよ

関西大学外国語学部／外国語教育学研究科教授。大阪大学大学院言語文化研究科博士後期課程修了。韓国・高麗大学校文科大学日語日文学科助教授を経て、現職。専門は日本語教育、日本語教師教育、ディスコース研究。特に、学習者・教師・教師教育者のナラティブやアイデンティティを中心に研究している。主な著作に『ことばで社会をつなぐ仕事―日本語教育者のキャリア・ガイド』（2019年、凡人社、共編著）、『ナラティブでひらく言語教育―理論と実践』（2021年、新曜社、共編著）などがある。

岡田彩 おかだ・あや

米国オクラホマ大学常勤講師。南山大学で日本語教育学を専攻し、米国パデュー大学にて修士課程修了。ワシントンアンドリー大学、パデュー大学アシスタントを経て現職。企業における日本語教師向け研修講師、企業日本語研修にて日本語講師・コーディネーターを担当。論文 に "Incorporating Story Maps into Relay Writing Activities in an Introductory Course" （2018年、*SEATJ Conference Proceedings*、pp.262–277）などがある。

安志英 アン・ジヨン

韓国・国立群山大学校東アジア学部日語日文学科副教授。博士（日本文学）。日本・立教大学大学院文学研究科博士後期課程修了。韓国・大邱大学校教育大学院教育学科助教授を経て、現職。『情報化時代の日本語・日本語教育研究』（2021年、ボゴ社、共著）、「意志・決定を表す複合辞の通時的研究―「－（よ）うとする」を中心に」（2021年、『日本語文学』第94輯、韓国日本語文学会）、「日本語教職科目の授業実践研究」（2020年、『日本語文学』第90輯、韓国日本語文学会）などがある。

水戸淳子 みと・あつこ

香港大学日本研究学科専任講師。早稲田大学大学院日本語教育研究科修士課程修了。マレーシア、ベトナムを含む国内外の大学、教育機関を経て、2007年より香港大学専業進修学院専任講師。2009年より現職。「学習者が捉えた「いい」文章のポイント―初中級学習者による説明文課題のピア・レビュー」（2013年、アジア日本研究・亜洲日本研究第2号、pp.52–58）などを執筆。

はじめてみませんか　リレー作文
新しい協働学習の試み

2023年4月30日　初版第1刷発行

編著者 ——————— 野口潔・大須賀茂
発行者 ——————— 吉峰晃一朗・田中哲哉
発行所 ——————— 株式会社ココ出版
　　　　　　　　〒162-0828　東京都新宿区袋町25-30-107
　　　　　　　　電話　03-3269-5438　ファクス　03-3269-5438
装丁・組版設計 ——— 長田年伸
印刷・製本 ——————— 株式会社シナノパブリッシングプレス